新时期高教管理
实践与发展多维研究

徐 丽 著

北京工业大学出版社

图书在版编目（CIP）数据

新时期高教管理实践与发展多维研究 / 徐丽著.
—北京 ： 北京工业大学出版社， 2021.9（2022.10 重印）
ISBN 978-7-5639-8148-9

Ⅰ．①新… Ⅱ．①徐… Ⅲ．①高等教育－教育管理－研究 Ⅳ．① G640

中国版本图书馆 CIP 数据核字（2021）第 201495 号

新时期高教管理实践与发展多维研究

XINSHIQI GAOJIAO GUANLI SHIJIAN YU FAZHAN DUOWEI YANJIU

著　者： 徐　丽
责任编辑： 张　贤
封面设计： 知更壹点
出版发行： 北京工业大学出版社
　　　　　　（北京市朝阳区平乐园 100 号　邮编：100124）
　　　　　　010-67391722（传真）　bgdcbs@sina.com
经销单位： 全国各地新华书店
承印单位： 三河市元兴印务有限公司
开　本： 710 毫米 ×1000 毫米　1/16
印　张： 11.75
字　数： 235 千字
版　次： 2021 年 9 月第 1 版
印　次： 2022 年 10 月第 2 次印刷
标准书号： ISBN 978-7-5639-8148-9
定　价： 60.00 元

作者简介

　　徐丽，女，1983年生，武汉商学院副教授，硕士，主要研究方向：马克思主义基本原理、思想政治教育与高教管理研究。长期从事学生教育管理工作，并主要讲授马克思主义基本原理概论、毛泽东思想和中国特色社会主义理论体系概论等课程。以第一作者身份在《求知导刊》《中国商论》《经营管理者》等国内期刊和国际会议上公开发表论文近10篇，个人专著2部。主持并参与完成校级课题2项，武汉市教育局教学研究项目2项，曾荣获武汉商学院"青年岗位能手"等荣誉称号。

前　　言

随着我国社会主义现代化建设不断加快，高教管理制度也进行了改革，在人才培养中发挥着越来越重要的作用。在高等教育教学中，高教管理是重要的组成部分，可以提高教育质量、教学效率，促使教育工作科学化、规范化。传统的高教管理过于死板，会限制教师与学生的发展，尤其是在以人为本的知识经济时代，为了营造有利于人才成长的环境，高教管理必须进行变革。本书针对我国高教管理在现代化发展背景下的相关内容进行分析研究，从多维度探讨了高教管理模式创新的措施，指出高教管理变革势在必行，希望能够对从事相关工作的人员有所帮助。

本书共五章：第一章为我国的高教管理，包括高教管理概述、我国高教管理现状、高教管理的特殊性、高教管理体制、我国高教管理体制改革等内容；第二章为高教管理创新发展研究，包括高教管理创新发展的必要性、新公共管理运动与高等教育管理创新、高教管理创新发展的主要途径、高教管理创新发展思维特征等内容；第三章为大数据时代的高教管理创新研究，包括大数据与教育、大数据对高教管理的重要作用、大数据时代高教管理面临的机遇与挑战、大数据时代高教管理的创新路径、高教管理中大数据思维的运用等内容；第四章为"以人为本"理念在高教管理中的实践，包括"以人为本"理念的内涵、高教管理融入"以人为本"理念的重要性、高教管理融入"以人文本"理念的途径、"以人为本"理念下高教管理的模式设计、"以人为本"理念下的高教管理制度等内容；第五章为基于创新能力培养的高教管理，包括创新能力培养概述、创新能力培养目标下的高教管理现状、创新能力培养目标下高教管理的重要意义、创新能力培养目标下高教管理策略等内容。

为了保证内容的丰富性与研究的多样性，笔者在撰写的过程中参考了大量的相关文献，在此谨向相关文献的作者表示衷心的感谢！

最后，由于笔者水平有限，书中难免存在不足之处，在此恳请广大读者批评指正。

目　录

第一章　我国的高教管理

高等教育管理关系高等教育自身的可持续发展。随着我国高等教育管理体制改革的不断深化和社会主义市场经济体制的进一步完善，我国高等学校的自主权不断扩大。同时，世界大市场日益开放，人才标准的国际化等新形势对我国高等教育提出了新挑战。高等教育的扩招使高校的规模日益壮大，使得高校管理的有效性和效率问题变得非常重要，高等学校之间面临着日趋激烈的竞争。自主权的扩大和竞争压力的加大使得我国的高等教育急需进行管理的理论研究和实践应用，以提高学校管理的质量和效率。本章分为高教管理概述、我国高教管理现状分析、高教管理的特殊性、高教管理体制、我国高教管理体制改革五部分。

第一节　高教管理概述

一、高教管理的概念及内涵

（一）管理

"管理"在《现代汉语词典》有三层含义：①负责某项工作使顺利进行；②保管和料理；③照料并约束。在管理学中，不同学派从不同的角度对"管理"提出了不同的观点。古典管理学派认为管理就是实行计划、组织、指挥、协调和控制；决策理论学派认为管理就是决策，是确定和实现目标的措施和方法；行为科学管理学派认为管理是经由他人的努力和成就，实现团体目标的过程。

马克思主义认为，管理并不是一开始就有的，它是人们共同协作劳动的产物。凡是许多人为了共同目标在一起协作劳动，就需要有管理。管理是社会活动的产物，是在特定的环境下，对组织所拥有的资源进行有效的计划、组织、领导和控制，以便达成既定的组织目标的过程。

（二）教育

教育是人类特有的社会活动，它伴随着人类社会的产生和发展而发生变化。最初，教育并未从社会活动和集体劳动中分化出来，因而并不需要教育管理。据教育史记载，学校形式大概在原始社会的后期始有萌芽，奴隶社会时正式产生。由于学校的出现和发展，学校管理也随之出现和发展。

高等教育是在完成中等教育的基础上进行的专业教育和职业教育，是培养高级专门人才和职业人员的主要社会活动。高等教育是教育系统中互相关联的各个重要组成部分之一。它通常包括以高层次的学习、教学、研究和社会服务为其主要任务和活动的各类教育机构。20世纪后半叶是高等教育发展史上不寻常的扩展和质变的阶段，社会对高级专门人才需求的迅速增长以及个人对接受高等教育就学机会的迫切需要，使得高等教育以前所未有的速度发展，从精英教育走向大众化教育。1993年在第27届联合国教科文大会中明确了高等教育的概念："高等教育包括由大学或国家核准为高等教育机构的其他高等学校实施的中学后层次的各种类型的学习、培训或研究型培训。"该定义凸显了高等教育的层次性和包容性。1998年发布的《中华人民共和国高等教育法》（简称《高等教育法》）中规定："高等教育是在完成高级中等教育的前提下进行的教育。"我国的《实用大辞典》中将高等教育定义为："高等教育是在全日制和非全日制两种主要的教学形式下，以完成中等教育为前提而进行的各种专业教育。"

（三）高等教育管理

我国的《教育管理辞典》将教育管理界定为："国家为贯彻教育方针，完成培养目的，对教育系统实施的计划组织、控制等有较强目的性的连续活动，它包含教育行政管理和学校管理两大部分。"所以，可以从两个方面来揭示教育管理的含义。一个是从国家或者地方政府的宏观层面出发，为了实现国家或地区教育事业的发展目标而进行的教育资源优化配置；另一个则是从各类学校出发，为了实现培养目的，达到教学目标而对校内以教学为主的各项事务进行的统一而有规划的管理活动。简单来说，教育管理就是为实现教育目标，针对不同层级的教育团体所组织的教学活动而进行的高效资源配置。

自从有了高等教育事业，便有高等教育管理，即高教管理。20世纪初，随着管理学的发展和美国大学行政部门的建立，教育管理开始作为一个研究领域，被授予本体地位。在此基础上，我国高等教育专家薛天祥教授提出了高等教育管理的概念，即"人们根据高等教育的目的和发展规律，有意识地调节高等教育系统内外各种资源和关系，以便达到既定高等教育系统目的的过程"。

从管理的定义可知，所谓高等教育管理，就是涵盖整个高等教育领域的管理，并非简单的高教行政管理，也非纯粹的普通高校管理，而是包括这两者的全面性管理。高等教育管理也可以从宏观和微观两方面来理解，从宏观方面来说，是指根据国家需要提出任务、制订计划、提供条件、颁布法规、发布指令；从微观方面来说是根据上级要求直接组织人才培养和科学研究。简单来说，高等教育管理就是管理者对组织内部的各要素进行优化配置，保证日常管理工作的秩序性和高效性，为实现高等教育目标而做出的决策。

二、我国教育管理的发展历程

我国殷商时期，就有了名为"右学""瞽宗"的古代大学。西周设有专职教育官，分大师、小师。此外还有乐师。当时的教师，亦即政府的官吏。

汉代逐步建立了中央官学和地方的郡国学，中央太学是最高学府太学生由五十人逐渐发展到三万人，创造了大班讲课的教学形式。注重自学是太学的传统，即"正业"和"居学"相结合，不过地方官学与中央官学还没有从属关系。所以，严格地说还未形成完整的学校系统和管理系统，不过学校本身的管理已有发展。

唐代大学教育制度已经相当完备，建立了较完善的大学教育制度，大学的种类增多，当时日本、朝鲜也受到唐代学制的影响。

此后，宋、元、明、清各朝，宋朝开始大兴书院，订有"学规"，但从中央一级来说，主管学校的部门基本不变，地方各级体制，名称有所变化。直至光绪末年，中央一级始立学部，省级设提学使司，省以下为劝学所，形成层层相属的系统。

辛亥革命以后，逐步形成"教育部—教育厅—教育局（科）"的体制，管辖学校。

在漫长的历史进程中，管理学校的经验逐步积累和发展着，各个时期的统治阶级为了操纵、控制学校，为其所用，必然予以关注，也必然引起从事教育工作者的关心和研究。所以，自古以来就一直有关于学校管理方面的论述。

我国古代的《学记》，提出了学校管理的课题，比如学校的层次体制、考核办法以及如何开学、如何管理学生、如何安排作息时间等。

公元前5世纪，我国孔子就提出过一些教育管理的思想、原则和制度。例如，提出有教无类的管理思想，规定了招生、考试、学籍管理等管理内容。在国家管理中，周朝设可徒，掌管五教。汉朝兴太学，设国子博士。隋朝设国子监、置国子祭酒，并提出教育是立国之本的思想。唐朝设国子监，兴科举。元朝设提举学校和教学官。清末设学部。民国以来，历设教育部，统行教育管理。

到了近代，由于生产力发展和社会发展的需要，教育事业得到空前的大发展。与此同时，教育事业的管理同企业和其他各项事业的管理一样，由经验走向科学，从而出现了教育管理学。德国学者施太因（stein）于1884年发表了《管理学》一书，最早比较系统地论述了教育管理的基本理论。他认为，教育管理学的任务就是研究和阐述国家政权对国民教育干预的原理、内容、依据和界限。他被认为是现代教育管理理论的创始人。20世纪以来，教育管理理论迅速发展。至50年代，教育管理在美国被正式公认为是一门独立的学科。随之，出现了大量的教育管理学的研究著作，广泛开办了教育管理的院系和专业。

光绪二十九年（公元1903年）开始，在《奏定学堂章程》中规定，师范学校设置《学校管理法》一科，把教育管理内容纳入教学计划。后来，有杜佐周著《教育与学校行政》、罗延光著《教育行政》等书，进行教育管理的总结与研究。新中国成立以后，又翻译了苏联的《学校管理》等著作。

改革开放之前，许多著名大学的校长在办校的过程中对高等教育管理进行了思考，政府和学校也开展了许多高等教育管理活动。但总体来说当时我国高等教育管理学研究的起点十分落后，既无专业的研究队伍，也没有组织系统的研究，更没有关于高等教育管理学的论文和著作。这些寓于办学实践中的思想，开启了对高等教育管理学的实践探索之路。

1978年以来，随着我国进入社会主义现代化建设的伟大历史时期，教育事业成为现代化建设的战略重点之一。由此，教育管理的研究进入了新的历史阶段。1985年柳州会议的召开掀起了学习和研究高等教育管理学理论的热潮，学科意识的萌发促使了我国高等教育管理学研究由经验决策向科学决策转变。这个时期的高等教育管理学著作呈现出宏观研究和微观研究互相配套，初成体系的特点。学者们不断吸取国内外高等教育管理的有益经验，把新中国成立以来我国高等教育管理的经验系统化、逻辑化，并升华到理论层面，高等教育管理学逐渐成为一门"学科"。

高等教育管理的研究迅速兴起，高等教育管理学孕育、产生的时代背景是：①我国高等教育迅速发展。1949年，普通高等学校仅有207所。到1985年普通高等学校发展到1 016所，成人高等学校1 216所。②高等教育的功能扩大，地位日益重要，不仅是培养高级专业人才的重要场所，而且是发展科学技术和民族文化，进行咨询、参谋和为社会服务的重要力量。③管理活动日益复杂，管理的作用日益重要。因而迫切需要发展高等教育管理的科学研究。

高等教育、教育管理与高等教育管理之间具有密不可分的联系，高等教育是高等教育管理的对象，而高等教育管理又是从属于教育领域的实践活动（特指在中等教育完成后进行的多类型的教育管理）。根据高等教育的定义，高等教育具有规模大、层次多、内容复杂的特点。高等教育从形式上可以划分为普通高等教育、成人高等教育和高等教育自学考试几种类型，随着社会的政治、经济、文化、科技等的发展，高等教育规模扩大，人才培养质量、高等教育资源、专业设置、师生关系的协调、后勤工作的社会化等，决定了高等教育与基础教育在管理上有显著差别。这种差别主要体现在管理对象、管理原则、方法手段、管理者素质等方面。

迈入21世纪后，面对新的时代和社会挑战，使得紧密联系现有问题为高等教育管理实践提供有效的理论指导迫在眉睫。

作为一门尚未成熟的学科，我国高等教育管理研究不可避免地存在着理论与实践联系不够紧密、学科理论概括性不强、学科体系缺乏规范性、以依赖接受为主，缺乏反思和质疑、研究方法缺乏创新等缺陷。但可以预见的是，随着教育环境的不断发展，我国的高等教育管理研究将更进一步更新观念，呈现出更多新的特点，符合我国国情的高等教育管理学也会在不断适应和改造环境的过程中不断完善。

三、高教管理常用方法

研究高教管理的方法应坚持以下三条科学的方法论的指导原则。

第一，必须坚持以马列主义、毛泽东思想为指导。运用马列主义、毛泽东思想的立场、观点、方法，研究和分析一切事物，从中找到规律性的东西，这是我们学习和研究任何一门学科的最根本的指导原则。所以它同样也是我们学习、研究高教管理学的根本指导原则。

第二，必须坚持正确对待古今中外高教管理理论的科学态度。我们今天的高教管理理论，是从中外高教管理史发展过来的。因此，不可割断我国历史和国外管理理论的联系。同时，高教管理还是一门综合性的应用科学，它同哲学、教育学、教育史、比较教育学、管理学、心理学、社会学以及控制论、信息论、系统论等现代科学技术都有密切的联系。因此，研究高教管理既要认真学习研究古今中外高教管理方面的科学成果，还要认真学习与研究相关学科的知识，使高校管理立足于科学的理论基础之上。

第三，必须坚持理论与实践相结合的指导原则。高教管理理论来源于高教管理的实践，它最终也是服务于实践。我国从新民主主义时期老解放区高等教育管理到社会主义时期的高等教育管理，都积累了丰富的实践经验，有不少新的创造，它是我们发展高教管理理论，探索新规律的源泉。随着经济建设高潮的到来，必然出现文化建设的高潮，我国高等教育正以新的步伐向前发展，高教管理科学也在不断向深度和广度发展。

学习和研究高教管理必须立足于我国高教管理工作实践的基础上，特别要重视对管理经验的总结、研究和探索。我们既要总结过去的成功的管理经验，使之系统化、理论化，更要针对当前高教管理提出的迫切问题有计划、有步骤地开展研究，使管理理论能指导实践，使管理实践能上升为理论，逐步建立符合我国国情的管理理论，这就要求理论和实践相结合。

为了抓住研究领域里的现象，任何学科都要制定适合自己的方法。只有当它有了自己的方法，这个学科才是一门独立的学科。方法的完善可以推动理论的建设，理论的创新又反过来刺激新方法的提出。

下面将介绍高教管理常用的方法。

（一）调查法

调查法的运用范围比较广泛，主要是了解情况，获得第一手资料。通常通过观察、访问、座谈、问答、历史文献、追踪调查等方法进行。运用调查法时，目的要明确，要求要具体，要有调查纲目，选择对象要具有典型性。在调查过程中要设法力争看到、听到、问出真实的情况。只有调查材料具体、真实，才能取得正确的结论。

（二）总结法

总结法是学校管理者常用的一种方法，通常称为"总结经验"。

总结法要求在掌握大量第一手材料基础上，去粗取精，去伪存真，由表及里，由此及彼，使之系统化、条理化，从经验上升为理论。运用这种研究方法，要伴以比较、分析综合、归纳演绎等。

总结的重点要放在先进管理经验上，使新颖、有效、稳定的先进经验成为推动工作和发展管理理论的有效方法。

（三）实验法

对高教管理提出的方法、原理、原则的科学性要加以验证，才能推广和应用。验证的最好方法是实验法。根据初步总结出来的高校管理方法、原理、原则以及各种改革方案，进行有计划的实验，并对实验结果进行比较分析，从而得出科学的结论。

（四）统计法

数据是科学的眼睛，科学研究结论的获得，需要大量数据。数据的获得要拟制一定的统计表式，然后经过教育统计学的处理，比如百分比、动态图表与各种集中量数、差异量数、相关系数，用来说明各种问题和结论，以更好地指导工作。

（五）个案法

个案法是从法律移植过来的，是指人们常说的总结典型经验和事例，或叫"解剖麻雀"。

个案法是美国哈佛大学工商管理研究生院首创的一种基本教学方法。运用这种方法进行学习和研究，其程序是根据课程内容，深入某个或某些教育部门（或学校）进行调查，收集资料，在此基础上编成案例。一个案例只围绕一个问题，案例内容可以是真实的，也可以是模拟的。案例一般是难以解决的问题，可供学习者提出几种不同的决策方案，以启发学习者从讨论中提高自己的分析能力和解决问题的能力，这就是个案法。

我们把"个案法"引进高教管理研究领域中来，其着眼点在于研究高教管理中遇到的实际问题时，可采取几种处理办法，何种办法运用于何种情况，各种办法取得的结果将是什么，各有什么利弊，以便从中选优决策。

这种方法的优点在于一例一案，可以做成卡片，应用方便，处理灵活，适用面广，可选性大。

四、高教管理研究内容

教育管理是指全国教育事业的宏观管理，它要研究从中央到地方怎样管理各级各类学校，以及如何协调教育与社会其他事业和活动的相互关系。本书是研究高等教育管理，包括国家对高等教育事业（普通高等教育和成人高等教育）的行政管理和高校内部的行政管理，以期通过研究使身在高校的领导，明确国家高等教育行政的宏观管理，身在国家高等教育行政机关的领导也了解高校乃至一个部门、系科、某个方面的微观管理，使全局与局部协调一致。

我国高教管理的实质，就是以最佳的方式组织校内各种力量，利用校外各种有利条件，采用最有效的手段，建立合理的制度，以科学的态度和创新精神去计划、组织、实施，充分发挥人力、物力、财力、时间和信息的最大效能，完满地实现高校教育目标的一种有序的活动过程。

高教管理研究的主要对象包括管理目标，管理原则，管理机构和管理者，人、财、物、事、时间、信息的管理，管理过程，管理制度和方法等。

（一）管理目标

办教育、管学校，是一种有目的的活动，高教的一切管理工作，最终是为了有效地实现某种预定的目标。没有目标，管理工作也就失去了方向，成为毫无意义的徒劳行动。把学校办成某种预想的模样，把学生培养成符合某种标准的人才，是学校工作的总目标。学校中开展的各项工作，又有各自的具体目标。管理学校的第一位或第一项工作就在于确定总目标，并根据总目标，制定和落实各种具体的目标，就这个意义上说，"管理就是决策"。因此，目标是高教管理学的首要研究任务。

（二）管理原则

高教管理同其他一切工作一样，必须按照客观规律办事。高教管理应研究开展管理活动必须遵循的客观规律，并以此为基础总结管理的原则。只有在科学原则指导下，才能制定正确的目标，才能顺利地开展管理活动，有效地实现目标。

（三）管理机构和管理者

高教系统各级管理机构、各类管理人员的分工职责和管理水平、工作效率直接关系到管理的功效。因此，必须对机构的合理化，管理人员的结构、素质、条件、选拔、培养、任用等加以研究。

（四）人、财、物、事、时间、信息的管理

学校管理活动的内容主要包括人、财、物、事、时间、信息这六项。人，包括师生员工，他们各有特点，各自处于不同的地位，起着不同的作用。如何

调节人际关系，发挥每一个成员的积极性，把人力组织到为实现目标的"合力点"上来，做到人尽其才，是一个重要的研究课题。财，即理财。办学校不能没有一定的财力。但是，如何把钱用在刀刃上，讲究经济效益，做到财尽其利，这是个不容忽视的研究课题。物，包括校舍、设备、器材，从设计到施工、采购到保管、使用到维修，都要仔细研究，做到物尽其用。事，即学校中的各项工作，比如教学工作、科研工作、体育卫生工作、后勤工作、图书资料情报工作等。时间，师生员工的工作、学习活动、休息都涉及时间的合理安排问题，通常以作息时间表、课程表、各种活动安排表，校历表等形式作出合理安排，做到合理利用时间，有劳有逸。信息，是师生的"粮食"，种类繁多，对信息的管理要求渠道畅通，供求适应，在高校最主要的信息载体是教材、科技情报资料、报纸杂志。

（五）管理过程

高教系统的各项工作都有自身的活动过程，对各项工作的管理，自然也不例外。

高校的管理活动，既有阶段性，也有连续性，是在连续行进中由无数活动周期所构成的。每一合理活动周期都有起始点和终极点，包含着若干前后联系的阶段和环节。高校管理所要研究的就是各项管理工作的活动周期的规律，研究有效运转的客观程序和条件。

（六）管理制度和方法

为了保证管理活动的有序进行，实现预定的目标，就必须有一定的制度和方法。管理制度包括管理体制、组织机构和规章制度。管理方法包括领导方法、组织艺术、传统的与现代的管理手段的运用等。

以上六个方面，是相互联系的，是构成管理内容的整体。

五、高教管理目标

（一）目标的含义和特性

目标就其词义来说，是指目的，如为一个共同的目标而奋斗。具体来说，目标是指在一定环境条件下和一定范围内，个人群体或组织以预测为基础，按一定的价值观，对自身行为所确立并争取达到的最终结果的标准、规格或状态。

目标是主观见之于客观的东西。一方面，目标集中反映人们的设想、愿望，体现其意识的主观能动性；另一方面，目标又超前反映未来的标准或状态，体现其存在预想的客观现实性。因此，作为目标，总要使主观需要和客观可能保持一致。目标具有以下特性。

1. 未来的导向性

目标属于方向的范畴，为人们展现未来的经过努力可以达到的前景。目标是对未来的预测，是超前思维的产物，对人类的实践活动具有引导作用。任何组织、部门要提高其管理效能，都必须制定某种方向维系和组织各个方面，以指引单位成员共同活动。只有使目标的影响渗透到各项工作中，才能达到鼓舞士气、增强凝聚力、提高工作效率和效益的目的。

2. 主客观的统一性

目标既是由人所设想和确立的，是"观念里存在着"的东西，它又是人对客观认识的反映。人对客观现实有了正确的认识，才可能制定出正确的目标。正确的目标，必然是主观设想和客观存在的统一。主观和客观的高度统一性，是保证目标正确性的前提和基础。

3. 社会的价值性

目标不是组织自身所能完全决定的，也不纯粹是个人意愿的表现。按照系统论的观点看问题，任何组织都是社会中的或大或小的分子，其存在和活动的方式均受社会的制约。因而目标的确立必然要反映社会的要求。

这种基于客观现实、体现主观意志、反映社会要求的目标是人们认同的一种方向，其一经确立，便具有使人们为之崇尚和追求的价值。

4. 系统的层次性

目标不可能是单一的，各级目标纵横排列，形成了层次结构。一般来说，上一层次的实现目标的措施，成为下一层次的目标；达到下一层次的或局部的目标，是为了实现上一层次或总体的目标服务的。高层次的目标往往从宏观角度出发，体现其战略性和概括性的特点；而低层次的目标往从微观角度出发，反映出战术性和具体性的特点。目标有从属目标和递进目标，由隶属层次（总体、部门、个体）、时间层次（远期、中期、近期）、要求层次（高级、低级），构成目标系统。

5. 过程的实践性

目标的实现是连续性和阶段性相统一的过程，也是从主观走向客观的过程。这一过程归根结底是实践的过程，离开实践就不可能制定出正确的目标，就谈不上目标的实现。因为目标总是在"认识—实践—再认识—再实践"的过程中制定、调整和实现的。

（二）高教管理目标确立的意义

在高等教育管理活动中，确立其管理目标具有十分重要的意义。

1. 目标是高等教育管理的出发点和行动依据

目标具有决定管理活动方向的作用。高等教育管理目标，决定高等教育管理活动的方向和任务，规定高等教育管理活动的内容，影响高等教育管理活动的途径和方法。高等教育管理活动，是为了最终有效地实现高等教育管理的目标。没有目标的高等教育管理就失去了方向和意义。高等教育管理活动的全过程应着眼于对目标的管理，高等教育的一切管理活动要围绕着实现高等教育管理目标这一根本任务。

2. 目标是调动高等教育管理者自觉性的重要手段

目标具有激励和鼓舞作用。做任何事都要注重效果，高等教育管理也不例外。虽然效果的取得受多种因素的影响，但与人的自觉性和有效性是直接相关的。自觉性越高，有效性就越大。因此，确立并使管理者明白高等教育管理的目标，才能使之形成自发的思考和积极的行为，进而产生热情和激情。

3. 目标是处理高等教育管理主客体矛盾的必要条件

目标具有修正和完善作用。目标既是预期可以达到的，也是需要经过一定的努力才能达到的。确立目标的全过程，也是分析和认识主客体矛盾的过程。实现管理目标的努力过程，也是发现矛盾、处理矛盾和解决矛盾的过程。

4. 目标是检验高等教育管理效果的依据

目标具有评估作用。检验高等教育管理的效果，主要不是看做了多少事情，而是要依据原来确定的高等教育管理目标检验实际管理活动的效果，做那些事倍功半的事情是与科学管理的要求相悖的。只有确立高等教育管理目标，才能检验其管理成效的高低和效果的大小，才能使高等教育的评估有章可循。

（三）高教管理目标

高教管理目标是指高等教育主体根据实现高等教育目的的要求，对各项高等教育管理活动中管理对象在一定时期内所要达到的预想结果做出的标准规定。从根本讲，与高等教育的育人目的是完全相统一的。随着高等教育改革的不断深入，高等教育与社会的经济、政治、文化等各个方面的联系日益密切。

相应地，也日益承担起更多的社会职能。它需要面对各种各样的社会期望，尽力满足多方面对知识和人才的需求，这就带来了高等教育管理目标的多样化。

高等教育既具有外部规律，又具有其内部规律。外部规律是指高等教育必然受到社会诸因素的制约和必须为社会的政治、经济和文化等方面服务的规律。内部规律是指高等教育必须遵循人的认知、成长和发展规律以及人才培养规律。

从外部规律和内部规律的划分方法出发，高等教育管理目标可以划分为外部目标和内部目标。外部目标是反映高等教育社会功能，即在经济发展和社会进步中所起作用的目标。内部目标则指反映高等教育活动状态的目标，如教育目的、要求、途径、质量、水平、条件保证等方面的目标。因而，外部目标可以说是功能性目标，内部目标则可以说是状态性目标。

外部目标体现于高等教育主管部门对教育活动的决策和控制上，内部目标则体现于高等教育实施部门（高等学校）对自身价值的追求上。

六、高教管理职能

（一）计划

要使事物发展顺利、迅速，首先要有一个好的计划。计划是使一个组织从目前所处的状态到达将来预期目标之间的一座桥梁。因此，计划不仅仅是指引进新的事物，而且也指合乎情理和行之有效的措施。有了计划，就可能将尚未成为现实的事物变成现实。虽然计划不能准确地预测未来，而难以预见的情况可能干扰编制出来的计划，但是，如果没有计划，工作往往会陷入盲目，或者靠碰运气。为完成任务而创造环境时，最重要的和最基本的因素莫过于使人们了解他们所面临的目标和应完成的任务，以及为完成目标和任务所应遵循的指导原则。

（二）组织

组织工作是高教管理工作的一个重要职能，可以说，一个管理人员的管理能力之强弱很大程度上表现在其组织能力之高低上，看他是否能够有效地组织每一个人去为制订的计划而努力工作。组织工作就是旨在建立一个经过策划的完成计划所需要的角色结构，分配给机构中的每一个成员。所谓精心策划就是说，为了完成任务而必须做的一切工作都必须分配给每一个人，同时，这些任务应能指派给最能胜任的人。在进行组织工作时，要清楚几个基本因素。第一，组织结构必须反映目标和计划。第二，组织结构必须反映组织管理可使用的权力。第三，组织结构必须反映它的环境，必须把组织结构设计得能进行工作，能让集体中的每一个成员做出贡献，并能帮助人们在变化中的未来中有效地达到目标。

（三）人事

人是一切事物的决定因素，高校人事工作是高教管理人员的一个关键职能，而且决定一个事物的成败。人事工作的管理职能是指通过确定劳动力的需求（定编制），储备招聘到的人员，招聘和挑选人员，安置、提升、考评、对业务作出计划、定报酬以及培训或培养在岗位上的和待补充的职工，使他们有效地完成任务，以补充并不断补充组织机构中的职位。人事工作与组织工作密不可分。有效的人事工作的实施原则有5个方面，即明确工作职能范围的原则、管理者评价原则、公开竞争原则、管理者训练和发展的原则、训练目标原则以及继续发展原则。

（四）领导

通常，一个组织的领导对其工作人员施加影响，使他们对组织和集体的目标做出贡献，所以，领导工作的管理职能是指影响人们为组织和集体目标做出贡献的过程。领导工作主要涉及管理工作中的群众关系方面。在各种不同的组织里，其目标（所面临的群众关系）可能有所不同，但组织中的每一个人，也都有对他们来说的特别重要的需要和目标。处于高校领导地位的管理人员就是要通过领导职能，帮助人们看到他们为组织目标做出贡献的同时，也能够满足他们自己的需要并施展他们的潜在能力。因此，主管人员就需要了解人、人的个性和他们的品格所能起到的作用，以最大可能地调动大家的积极性。

（五）控制

管理工作的控制职能是对业绩的衡量与校正，以确保组织目标和为达到目标所制定的计划得以实现。没有目标和计划，便无所谓控制；没有控制，目标和计划也成一纸空文，这是因为必须把业绩同某些已规定的标准相比较。管理控制的基本过程包括三个方面：①确定目标；②对照这些目标衡量业绩；③纠正偏离标准和计划的情况。在管理控制中，选择关键控制点，是一条重要的控制原则，即从事有效的控制，就需要注意那些对按照各种计划进行评价时有关键意义的因素，要么是限制性因素，要么是明显有利的因素。如何选择关键控制点，是管理工作的一项艺术，大多数事物的控制方法都要根据特定的事物来设计。例如，在实际工作中，有时只是对最终目标进行控制，有时则需要对每一个环节进行控制，完全取决于被控制对象的性质。

七、高教管理规律

（一）自然属性与社会属性相统一的规律

高等教育管理的自然属性，是指高等教育管理活动在本质上具有不因社会条件和时代背景而变化的稳定性；高等教育管理的社会属性，是指高等教育管理活动随社会形态的变化和历史发展过程中所形成的特殊个性而呈现不同特征的性质。

1. 高等教育管理的自然属性

高等教育管理的自然属性主要表现在三个方面。

（1）高等教育管理的普遍性

即高等教育管理是普遍存在的，不论哪个国家，哪个历史时期，只要存在高等教育活动，就存在对培养高级专门人才的活动进行管理的必要。

（2）高等教育管理的共同性

即高等教育管理在各个历史发展时期都具有明显的共同地方，这些共同点不因国家的政治、经济、文化等差异而有所变更，也不因历史时期的变化而消失。正因如此，中国传统高等教育管理中的优秀部分就被继承和发扬，欧洲中世纪大学的校、院制一直被现代大学所采用，还有其学位制也一直沿袭至今。20世纪颇具影响的教育管理思想，也曾风靡全球，美国泰勒（Taylor）的科学管理学说，威尔伯·约奇（Wilber Youch）和丹尼尔·格里菲思（Daniel Griffith）为代表的民主人际关系学说和由此发展的行为科学学说，德国的社会学家马克斯·韦伯（Max Weber）的科层组织学说，还有美国社会学家塔尔科特·帕森斯（Talcott Parsons）的开放系统学说。以上这些都可以"古为今用，洋为中用"。这些共同点来源于高等教育管理活动在其历史发展过程中形成的特点和规律，来源于人们在高等教育活动过程中遵循的一般原理。

（3）技术性

高等教育管理使用的技术和方法一般不受社会制度不同的影响，各国都可以相互借鉴、学习，使用先进的管理技术和手段，如将计算机用于高等教育管理等。

2. 高等教育管理的社会属性

高等教育管理的社会属性包含两层含义。

（1）高等教育管理具有历史继承性

即在人类创造历史的过程中，由于社会及自然环境不同，形成的各种地域文化在高等教育管理活动中留下了深深的烙印。这些"印记"在高等教育管理思想和管理信条上表现为不能超越一定的社会文化形态以及人们的社会心理状态，具有"同源文化"的国家和地区，在高等教育管理思想和管理哲学上具有很大的相似性，而"非同源文化"中所产生的高等教育管理思想和管理哲学就存在明显的差异。

（2）高等教育管理具有政治性

高等教育管理是与权力关系联系在一起的，高等教育的体制和某些制度、政策总是社会制度和政策的一部分，是为一定的政治服务的。高等教育管理也只能在一定的社会历史条件下和一定的社会关系中进行，生产关系的性质不同，生产劳动的组合要素、结合方式不同，管理的社会性质也不同。

高等教育体制、管理政策总是执行和巩固一定的生产关系，实现高等教育目的。比如，以人为本的管理思想正是这一特性的体现。

自然属性和社会属性是高等教育管理活动本身所具有的两种属性，两者处于矛盾统一体中。这两种属性统一于计划、组织、指挥、协调、控制等管理职能上，根本上统一于高等教育管理效益中。

（二）封闭性与开放性相统一的规律

高等教育管理的封闭性，是指在高等教育管理过程中，根据高等教育管理的特殊矛盾而在高等教育系统内部自我运转和良性循环的性能；高等教育管理的开放性是指在高等教育管理过程中，根据高等教育管理的特殊矛盾而在高等教育系统与外界环境相互关系、相互作用中实现物质、能量和信息交换的性能。高等教育系统的"存在"与"发展"、"必然"和"偶然"的矛盾统一是高等教育管理封闭性与开放性矛盾统一规律的两种典型的表现形态。高等教育的发展理论、权变理论和开放系统学说，都是以遵循这一规律为前提的。

1. 高等教育管理的封闭性

在高等教育系统内部，无论进行什么高等教育管理工作，首要的前提就是在相对独立、完整的高等教育系统内部，按照高等教育系统的特定目标而进行优化组合，即在高等教育系统的"投入—加工—产出"的过程中构成一个相对封闭的系统。没有封闭性，高等教育系统就没有相对稳定的环境，任何对高等教育系统的分析及高等教育管理活动过程都不可能存在。

这种封闭性是一种客观存在，是为了更好地进行高等教育管理的必然要求。

完全封闭的高等教育系统是不存在的，因为完全封闭就意味着与环境不进行任何物质、能量、信息的交换，这样的高等教育系统必然逐渐消亡，所以，高等教育系统和高等教育管理的封闭性又具有相对性。

2. 高等教育管理的开放性

高等教育系统，一方面受外界环境的制约和影响，另一方面又对环境施加影响，两者之间存在着物质、能量、信息的交换，这决定了高等教育管理的开放性。这是实现高等教育系统整体特性功能目标的需要，是实现高等教育管理高效益的需要，也是高等教育系统存在和发展的物质基础和基本条件。

3. 高等教育管理的封闭性和开放性既相对立，又相统一

（1）高等教育管理的封闭性和开放性是相对的

高等教育管理的封闭性的重点是强调高等教育管理系统目前的"存在"，将人力、物力、财力放在目前"存在"上。高等教育管理的开放性则强调高等教育管理系统与外界环境的互动。在高等教育管理系统的发展上，如果只关注系统目前的"存在"，就会影响发展，从而失去取得更大效益的机会；如果过分关注高等教育管理系统效益的最优化，忽视系统"存在"，将导致高等教育管理系统的"存在"基础动摇。

（2）高等教育管理的封闭性和开放性又是统一的

高等教育管理的封闭是相对的封闭，是包含开放的封闭，并在开放的封闭中实现自身的优化和发展。高等教育管理的开放是在一定存在基础上的开放，这种开放只有依存于相对独立的、完整的高等教育管理系统，才能和社会环境进行物质、能量和信息的交流，从而建立起新的更能适应社会发展需要的高等教育管理系统。

（三）学术管理与行政管理相统一的规律

在高等教育管理中处处离不开行政管理，如制定高等教育的规划，对人、财、物等资源进行分配和调控，对计划的执行进行检查督促，协调高等教育系统中的各方面使其正常运转等。但在高等教育管理中，学术管理是很重要的方面，学术水平的高低、学术管理的成功与否，对高等教育管理的水平及其发展有重大影响。因此，在高等教育管理中必须坚持学术管理与行政管理的统一。学术管理与行政管理的不同点主要表现在以下三个方面。

1. 指导原则不同

学术管理中要坚持学术自由的原则，提倡百家争鸣，这是学术繁荣的基本条件。学术上的分歧要通过开展充分自由的讨论取得共识，不能由某个权威人物说了算，也不能采取少数服从多数，即所谓的学术民主方法。

学术问题只能用学术标准评判，强调科学性，要用科学实验和论证、调查研究、同行专家评估的方法，而不能采用行政管理中行政决断的方法。行政管理中由于存在抓住机遇的问题，所以强调少数服从多数的原则，适时做出决断。但行政管理的重大决策，也要考虑其科学性、合理性，同时更强调要从实际出发，要考虑其可行性，考虑它会产生什么影响和效果。

2. 采用方法不同

在学术管理中，要根据不同学科专业的特点采用不同的方法。由于学科、专业、任务的不同，所运用的方法也就不同。因此，学术管理不能采用统一的模式，应该是多样化的管理方式。管理文科和理科的方法不一样，管理专业课和基础课的方法也不相同。行政管理则强调统一，由于它强调从全局出发，发挥高等教育的整体功能，因此，往往用集中划一的方式，用政策法令、规章制度等统一和协调高等教育管理的各方面工作。

3. 管理程序不同

学术事务的管理是依靠教授专家实行民主管理。在西方大学中，学科发展方向的选择、学术规则的制定、学术梯队的配制，甚至包括教学研究人员的选聘等问题的决策管理，都由教授讨论会决定。我国实施"863计划"，为了少出失误，在决策中也参照西方经验，实行了"首席科学家制"。

在我国很多高等学校，学术事务管理上的决策，也都吸收教授参与讨论。行政管理是贯彻执行上级指示和领导工作意图，是一种"科层式"管理，强调下级服从上级，从上到下逐级指挥和布置，层层贯彻执行。

高等教育管理中学术管理与行政管理虽然有上述这些不同的特点，但只是相对的，学术管理与行政管理往往是交织在一起的，很难截然分开。特别是随着高等教育日趋大众化，高等学校规模的扩大和内部结构的日益复杂化，高等教育管理的难度也逐渐加大，这必将促进行政管理在高等教育管理中的强化，要更加注意根据学术管理与行政管理的不同特点，采用不同的方法进行管理，并尽量协调好两者之间的关系，决不能用行政管理代替学术管理。

（四）过程管理和目标管理相统一的规律

探索管理活动的过程是管理科学的核心问题之一。管理过程是为实现管理目标执行一系列管理职能的动态过程和环节。管理活动按一定的程序，行使其基本职能，形成有序的管理过程和环节，才能顺利地实现管理目标。如果对管理过程缺乏综合分析，就难以揭示各部分管理工作的内在联系。

1. 过程管理

高等教育管理过程可以归纳为计划、执行、检查、总结四个环节。

（1）"计划"是起始环节，统领整个管理过程

计划环节包括确定目标、制定若干方案、选择决策、拟定行动计划等。制定计划最主要的内容是确定管理目标。

（2）"执行"是使计划付诸实施

执行环节是管理者在管理过程中实施组织、指挥、协调、控制等一系列管理职能，其内容包括建立机构，完善制度，组织人力、物力，指挥行动，协调关系，教育鼓励等。通过这些手段，协调人、财、物等各种要素的相互关系，使其效能充分显示出来，使计划得以实现，达到既定的目标。

（3）"检查"是对执行的监督和加强

检查环节和执行环节是结合在一起的，不是截然分阶段的。检查环节主要是实施管理的控制职能，其重要内容是建立反馈渠道和机构，及时提供反馈信息，以保证计划所规定的目标的实现。检查还能检验计划的正确程度，必要时采取追踪决策，调整计划，修改或补充执行措施。

（4）"总结"是终结环节

总结是对计划、执行、检查这三个环节的总检验，是用计划目标作为尺度对管理的全过程进行总评价，也是为制订新的计划提供依据，起着承前启后的作用。

由此可见，管理目标统率、指导着管理全过程，管理过程的各个环节都是为实现管理目标服务的。高等教育管理者在管理过程中，一定要保持清醒的头脑，时刻不忘管理目标，一切为实现管理目标而奋斗，如果成天忙于事务，把手段当成目标，那就会迷失方向。

2. 目标管理

目标管理是运用目标指导管理过程的一种管理方法。其内容包括：由管理者和被管理者根据组织的任务共同确定管理目标，包括把总目标分解为部门目标和各成员的个人目标；动员各部门和全体成员自觉地为实现各自的目标

而努力工作；用管理目标检查工作的进度和评估工作的成效，根据成果实施奖惩。

高等教育管理过程还有难以控制的特点，原因有以下几点。

1. 学校教育工作的周期性长

学校教育工作管理效能具有滞后性，它的社会效益要在若干年以后才能显示出来。

2. 教师工作决定了其工作方式大多是个体劳动

教师工作具有很大的独立性，不像工厂生产物质产品那样按工序进行严格的分工。

3. 高等学校的 "产品"（学生）很难定型化、标准化

高等学校培养学生的质量不易检验，而且学生具有很大的可塑性，学生的性格思想、智力也各有差别，在管理过程中要注意因材施教，这也增加了控制的难度。

因此，高等教育管理要把过程管理和目标管理结合起来。

（五）管理与服务相统一的规律

一般来讲，管理具有两方面的职能，一是协调和控制生产关系的职能，二是组织生产的职能。在管理实践中，这两方面的职能就是指管理与服务。两者虽有区别，但又密切联系，相互促进，是辩证统一的。服务工作做得好，有利于加强管理，而科学有效的管理本身就是很好的服务。

在高等教育管理中，必须注意根据高等教育的特点，处理好管理和服务的关系。要正确处理好高等教育管理中管理和服务的关系，关键是正确对待教育工作者，特别是高等学校中的教师。高校教师既是主要的管理对象，又是主要的服务对象。在高校中必须充分理解和尊重教师，因为办好高校，搞好教育管理，主要依靠教师。要尊重他们的人格和个性，理解他们具有个体的劳动方式、喜欢独立思考、遇事求真的思维习惯等特点，对他们的业务成绩要合理评价、充分肯定。

在高等教育管理中，在处理管理和服务的关系时，还必须把对上级领导机关负责和对群众负责统一起来。要管理，必然要按上级指示和规章制度办事，这是应该的，也是容易做到的。但高等教育管理事业的发展，必须依靠广大师生，只向上级负责，看不到群众，必然难以从实际出发解决问题，必然会挫伤教师的积极性，从而不利于高等教育管理工作的开展。

八、高教管理原则

高等教育管理的基本原则是根据一般管理学的原理提出的，同时又特别适用于高等教育管理领域。它们必须全面、准确地反映高等教育管理活动的特点、本质与规律；它们在理论上是完备的，在实际工作中又是切实可行的，能覆盖整个高等教育管理活动领域，普遍、有效地指导高等教育管理实践活动。根据上面对高等教育管理原则确立的依据分析，高等教育管理基本原则体系应该包括以下五个方面。

（一）高等教育管理的方向性原则

管理是一种有目的的活动，管理工作必然有方向。管理成效的大小首先决定于方向是否正确。任何管理都是为了实现一定的管理目标。管理目标是开展管理活动的前提，管理目标体现管理的方向。教育是培养人的社会活动，就其本质来说，教育必须与一定的社会政治、经济相适应，并为其服务。不论什么社会性质的高等教育，培养什么样的人都是一个根本问题，是高等教育目标的核心，它集中体现了高等教育管理的方向。

新时期党和国家的教育方针是：教育必须为社会主义现代化建设服务，与生产劳动相结合，使受教育者成为德、智、体、美、劳等方面全面发展的社会主义建设者和接班人。这一方针明确规定了我国高等教育政治方向和服务方向、教育目的和实现教育目的的基本途径。

1. 要坚持社会主义的政治方向

社会主义的高等教育管理，必须坚持社会主义的政治方向。教育是具有阶级性的，任何一种社会制度都要以它的意识形态教育和影响学生。高等教育管理必然受一定的生产关系和国家的政治经济制度的制约，有鲜明的阶级性。

我国作为社会主义国家，要求高等教育必须以社会主义意识形态教育和影响学生，为社会主义建设培养具有坚定政治方向的建设者和接班人。要明确我国的高等教育是社会主义性质的，要为社会主义服务，坚持社会主义的政治方向。如果不首先明确我国高等教育的社会主义性质，那就谈不上有正确的办学方向。

坚持社会主义的政治方向，要有现实针对性。随着信息技术的发展，发达资本主义国家凭借技术优势，作为主要的信息输出国，控制全球信息与通信的命脉，其音乐、电影、电视与软件几乎遍及全球。它们影响着几乎所有国家的审美观、日常生活和思想。因此，我们要注意西方意识形态的渗透，注意国外敌对势力利用各种机会对我国施行"西化""分化"的阴谋，坚持高等教育管理的社会主义政治方向。

2.要坚持为社会主义经济建设服务

1985年通过的《中共中央关于教育体制改革的决定》指出，"教育必须为社会主义建设服务"。这里所说的"服务"是全面的，既包括为社会主义政治服务，也包括为社会主义经济、文化建设服务。在社会主义现代化建设中，人们始终要以经济建设为中心，不能干扰这个中心。高等教育为社会主义现代化建设服务，根本任务是培养人才，主要是通过培养社会主义经济建设需要的人才来实现的，这称之为"高等教育的服务方向"。

高等教育要坚持社会主义政治方向，同时要服务于经济建设这个中心，主动适应经济和社会发展的需要，从两个角度规定了高等教育的办学方向，各有侧重，相辅相成，两者并不矛盾。

政治方向是从高等教育的社会性质来讲的，服务方向是从高等教育的工作任务和目标来讲的。政治方向规定了服务的社会主义性质，服务方向体现了坚持社会主义政治方向的实际内容。因此，不能说高等教育的方向性只指政治方向，而没有别的内容，这是不全面的。社会主义高等教育的方向就是坚持为社会主义现代化建设服务的方向。

（二）高等教育管理的高效性原则

任何管理活动的基本目的都是提高组织系统的效率和效益。管理效率和效益的关系，是与管理目标联系在一起的。目标正确，效率越高，效益越好；管理效益的大小就是在消耗一定的人力、物力、财力和时间等资源的条件下，实现管理目标的。

高等教育管理的高效性原则是高等教育管理本质的直接体现和具体化。它要求以一定的高等教育资源投入，培养和提供更多的合格高级专门人才和高水平的研究成果。或者说，培养和提供一定数量的合格人才和研究成果，投入的高等教育资源要求最少。

高等教育所产生的效益是多方面的，它既能促进生产力的发展，又是巩固政治统治和建设精神文明不可或缺的手段，是社会得以延续和发展的重要条件。这些主要体现在提高劳动者素质和培养人才的数量和质量方面，同时，高等教育在发展科学技术文化方面的作用也是十分重要的。

高等教育是需要大量投入的事业，而发展高等教育的资源又是有限的，它靠社会提供，既受社会经济发展水平的制约，也受社会政治制度、管理体制和

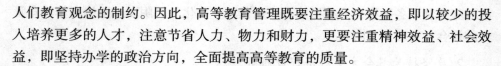

人们教育观念的制约。因此，高等教育管理既要注重经济效益，即以较少的投入培养更多的人才，注意节省人力、物力和财力，更要注重精神效益、社会效益，即坚持办学的政治方向，全面提高高等教育的质量。

（三）高等教育管理的整体性原则

高等教育管理整体性原则既决定于高等教育系统的整体性，又受制于培养高级专门人才的高等教育目的。高等教育管理的整体性原则可表述为以培养人才为中心，科学地组织各方面工作的有效配合，并充分地考虑社会环境中诸因素的影响。

高等教育的根本任务是培养人才。培养人才不仅要组织好教学工作还必须有思想教育工作、师资培养工作、科学研究工作、后勤管理工作等与之配合。除了培养人才的职能以外，高等学校还有开展科学研究的职能和直接为社会服务的职能。高等教育管理的目标和内容，不是单一的教育、教学活动的管理，而是包括教育、科学研究和直接为社会服务等活动的综合管理。不论是培养人才、开展科学研究和为社会服务，都与社会系统紧密相关，都必须与社会经济、政治、科学文化相适应。因此，必须把高等教育管理放在整个社会环境中考虑。

1. 高等教育管理要以培养人才为中心

各方面活动的开展都要服从于人才培养这个首要任务。就政府对高等教育的宏观管理来说，首先要做好人才培养的决策和宏观控制，包括人才培养的预测规划、总体规模、发展速度、结构布局等，以及通过组织、计划、协调、立法、拨款、检查评估等手段，保证培养人才的数量和质量。

就高等学校的管理来说，各部门的工作都要面向学生，教学和思想教育工作要遵循人才成长规律，科研、生产工作要与教学工作结合，后勤工作要为教学和科研服务，而不能各自为政，各行其是。

2. 要处理好教学和科研的关系，使两者相互结合、相互促进

教学是高等学校培养人才的主要方式和基本途径。但是，不能把教学工作仅理解为课堂讲授。

教学活动既包括通过课堂讲授使学生学到间接知识，也包括指导学生获得直接知识和掌握学习方法。因此，教学是传授知识、发展智力、培养能力和形成良好思想品德的综合过程。

科学研究是培养人才的重要途径，把科学研究引入教学过程是高等学校教学过程的一个重要特点，它能给学生创造全面发展智能的环境和条件。

学生通过参加科学研究能够有目的地、主动地学习，完成研究任务所需要的理论知识；进行积极思维，在实践中发展各方面的能力，培养创新精神；还能培养学生养成严谨的治学态度、踏实的工作作风和团结合作的精神；能更好地促进师生之间教与学两方面的信息交流，使教师对学生了解得更深入、更具体，有利于实行因材施教，更好地发挥学生的特长和主动性。

开展科学研究还能够提高等学校教师的学术水平，充实和更新教学内容，改进教学方法，使教学质量不断提高。因此，不应该把科学研究和教学对立起来，而应该使两者互相结合，互相促进。高等学校教学传授学生的知识，是前人实践经验的系统总结。科学研究正是在已有知识的基础上探索和总结新的知识，进一步加深对客观世界规律性的认识。因此，从人们的认识活动来讲，只有开展科学研究，把生产实践和科学实验的成果总结成各种理论体系，使人们不断地获得新的知识和能力，才有可能进行各门学科和专业的教学。

从这个意义来讲，科学研究是"源"，教学是"流"，科学研究总是走在教学的前面。在教学中给学生讲授的理论知识，并不需要也不应该要求教师都通过自己的研究实践进行总结和积累。但是，现代科学技术的发展日新月异，高等学校的教师如果不通过开展科学研究，及时了解和掌握本门学科和相关学科的最新动态和发展趋向，而仅停留于传授现成的书本知识，那就不可能提高教育教学质量，培养出适应现代科学技术迅速发展和现代化建设需要的合格人才。

3. 发展科学技术文化，是高等学校的重要任务

随着现代科学技术日新月异的发展，高科技向现代生产力转化越来越快，高新技术产业在整个经济中的比重不断提高，科技在经济发展中的作用越来越大。21世纪是高新技术迅速发展的新时代，我国改革开放和现代化建设进入承前启后、继往开来的关键时期，国家的经济建设和社会发展比以往任何时候都要更加倚重于科技进步。在这种形势下，更应加强高等学校特别是重点大学的科学研究工作。

4. 直接为社会服务也是现代高等学校的一项重要社会职能

高等学校的培养人才、开展科学研究、为社会服务这三项职能是互相联系、相辅相成的。开展各种形式的社会服务，有利于加强学习与社会的联系，增进对社会需求的了解，增强主动适应经济发展和社会发展需要的能力；有利于高等学校的教学更好地理论联系实际，培养锻炼学生解决实际问题的能力，提高教学质量；有利于进一步发挥学校的潜力，充分调动教师职工的积极性和

主动性，通过有偿服务，为学校筹集一部分资金，以弥补办学经费之不足，用以改善办学条件和师生员工的生活条件。

但是，高等学校必须以培养人才为中心。衡量学校工作的根本标准是培养人才的质量和数量，绝不能只看经济收益的多少，搞短期行为，而不顾教学质量和学术水平。

因此，一定要处理好培养人才与直接为社会服务的关系。必须统筹兼顾，加强管理，对收益进行合理分配，调动各方面的积极性，特别是在教学第一线工作的教师的积极性。

（四）高等教育管理的民主性原则

高等教育与社会发展相适应的规律决定了高等教育是开放的系统。高等教育发展的历史已经证明，追求科学与民主是高等教育的重大使命。追求科学，可保证高等学校教学、科研的生命活力；发扬民主则是追求科学的保障。

1.民主性原则是由高等教育管理封闭性和开放性相统一的规律所决定的

要办好既封闭又开放的高等学校，必须发扬民主，充分调动师生、员工的积极性和创造性。

高等教育管理的民主性原则可以表述为：依靠广大教职工和学生民主管理学校，动员社会力量参与高等教育管理。高等教育领域人才荟萃，学术思想活跃，高等教育管理工作必须注意充分体现学术自由的特点。高等学校的教学与科研，就其本质而言是学术活动，需要充分的思想自由，需要民主制度做保障。因此，对高等教育实行民主管理具有特殊的重要性。

就管理对象的特点来说，在高等学校，教师和学生既是管理对象，又是管理主体。教师和学生都是从事学术性很强的教学、研究和学习，是精神生产，主要靠自己独立钻研和思考、探索。只有发挥内在动力，也就是调动他们的积极性和主动性，才能完成管理目标。学校的培养目标、教学计划、教学大纲等，要靠教师去实施；教学内容和教学方法的改革，要靠教师自觉地去探索和实行。同时，也要激发学生的主动性并积极地配合，自主地进行学习。

充分调动教师和学生的积极性，让教师和学生参与管理，这对于增强内聚力，增强对领导管理者的理解和信赖，对于及时改进管理措施，提高有效性，都有极大的好处。因此，高等学校要搞好管理，必须依靠教师发挥能动作用，同时，一切与学生的学习和生活有关的决策，还要注意听取学生的意见。

2.管理好一所大学，需要很多学问

就高等学校工作的复杂性来说，在高等学校一般都设有许多专业和课程，有教学、科学研究、生产、思想教育、后勤以及校内校外关系等各方面的工作，有众多的人员，具有极大的复杂性。任何一所大学甚至一个系的领导都不可能完全懂得所设的各专业、各门课程和各方面的工作。

从这个意义上来说，必须依靠调动广大教师职工的积极性，集思广益，共同管理，才有可能把学校办好。有关教学、科学研究、学科建设的重大决策，一定要注意听取和尊重教师特别是教授们的意见。教授在他们所从事的专业、学科领域里是专家，注意听取他们的意见，有助于保证有关决策的正确性；由于教授们在学术上的权威性，在师生中有较大影响，他们参与决策，更能够得到师生员工的拥护和信赖，有利于决策的实施；教授们的言行对学生有潜移默化的影响，让教授积极参与学校的民主管理，有利于培养学生的社会责任感。

就政府对高等教育的管理来说，由于高等教育有学术性强、专业学科门类多的特点，要充分尊重专家学者的意见。因此，要给高等学校学术自由和必要的办学自主权，避免过多的行政干预。高等学校还有多样化的特点，这是因为社会对高等教育的需求是多样化的，不同地区、不同条件和历史背景的学校是多样的，这要求政府不仅要处理好中央集权和地方分权的关系，而且要使高等学校有办学自主权，以利于学校办出自己的特色，适应社会的不同需求。政府的作用是进行宏观控制和协调，为学校创造良好的环境和条件，通过财政的、政策的导向和法规的约束，引导学校主动地得到发展。

3. 民主性原则要求制定决策民主化、执行决策民主化和评定决策执行结果民主化

高等教育管理中，决策工作要充分发扬民主精神，这种民主精神体现在让被管理者民主地参与决策过程，这样可以集思广益，提高决策的科学性，使之更切合实际。在西方，民主管理学校是通过董事会、教授会、评议会或师生代表会等形式，师生既参与制定学校一系列规章制度，也参与决策。

管理者要随时了解和掌握决策的执行情况，在此基础上调整和改进决策的执行方案和方法。在这一过程中，不论是了解执行情况还是调整、改进执行的方案和方法，都离不开民主的作风。管理者应该秉公办事，在处理公务时不应谋取私利，要尊重下属，虚心向他们求教，及时地对方案和方法的执行情况进行调整和改进。

决策执行结果的评定，不仅关系到对本决策的制定者和执行者工作的评价，而且关系到下一个决策的制定和执行。评定工作要贯彻民主原则，激发和强化决策者和执行者的工作热情，发挥和发展他们的创造性，最终有利于高等教育管理效益的提高。

（五）高等教育管理的动态性原则

任何事物都是处于不断发展与变化之中的。管理过程是一个不断发展变化的动态过程。管理对象内部诸要素是不断发展变化的，它们之间的关系也在不断发展变化着，管理系统的外部环境也是变化、发展的。因此，管理过程的实质，就是根据管理对象和条件的变化、发展，对其相互关系做出相应的调整，以实现整体目标。

我国正处于经济转型期，为适应社会生活各个方面的变化，需要改革高等教育，使之适应并促进社会经济、文化、科技等体制改革的要求。高等教育作为一种社会技术系统，与外部环境处于动态的相互作用之中。开放系统的一个特点是能够变化其内部子系统，以便对各种环境中的偶然事件做出反应。管理活动与管理对象、管理环境之间有着本质的、必然的联系。高等教育管理过程中要完成的任务、组织的结构、用来完成任务的技术和参与的人员都处于动态之中。

高等教育活动必须按照管理的基本原理和原则进行，保持管理的相对稳定和应有的秩序。

高等教育管理的对象、内容、方式、手段都是不断变化的，因此要求运用高等教育管理原则时要保持灵活性。

高等教育管理具有明显的动态性。随着现代科学技术的发展，社会对高等教育的需求在不断变化，社会给高等教育提出的要求也在不断变化。经济体制改革、政治体制改革和科技体制改革的深化，对高等学校不断提出新要求。高等教育要为社会服务，必须主动提高适应经济和社会发展需要的能力。这就要求高等教育必须不断进行改革和创新。高等教育体制改革的目标，就是逐步建立使学校具有主动适应国民经济和社会发展需要的有效机制。就高等学校本身来说，学生每年有进有出，教师队伍也需要适时补充和调整，教学和科研的设备也要不断更新。

因此，高等教育管理的动态性原则可表述为，通过不断的改革以主动适应经济和社会发展的需要。动态性原则要求人们做到以下几点。

1. 以发展的战略眼光看问题

任何事物都不是静止不变的。只有改革才能促进教育发展，教育要发展则必须不断地改革。

2. 处理好变革与稳定的关系

在变革不适应部分的同时，要继承高等教育合理的内核。既不能墨守成规、抱残守缺，坚持既成的体制和维持现状，也不能全盘否定已往的经验。

3. 要注意不能朝令夕改

尤其在高等教育改革方面要持慎重的态度。高等教育管理的动态性从根本上讲，是由高等教育必须与社会的政治、经济、科技、文化的要求相适应这一基本规律决定的。由于社会是不断发展的，高等教育也必须随着社会的政治、经济、科技的发展不断地改革，以适应社会发展的需要。高等教育管理改革要遵循社会发展规律，稳步向前推进，不能朝令夕改。

以上五条原则是高等教育管理的基本原则。方向性原则反映了我国高等教育管理的性质，从根本上确立了社会主义高等教育发展的大方向，规范了高等教育的培养目标；高效性原则指出了管理工作的本质特点和根本要求；整体性原则反映了管理工作的基本要求；民主性原则贯穿高等教育管理活动始终，为高等教育管理活动顺利进行提供了良好的氛围；动态性原则指出完善管理工作的根本途径。它们相互制约、相互促进，共同指导高等教育管理的全部活动，构成了一个完整的原则体系。在实际工作中，这些原则是紧密联系、相辅相成的。

第二节　我国高教管理现状

一、我国高教管理现阶段取得的成果

（一）高校行政管理的部门设置趋于全面

随着高教管理工作的不断完善，各高校行政管理改革的实践成果主要表现在高校行政管理部门的设置上。各高校在部门设置上，和国家政府在部门设置上，大体相同。例如，在行政职能的部门设置上面，主要包括校长办公室、法律事务办公室、发展规划处、政策研究室、信息工作办公室、研究生院、学位办公室、研究生培养处、研究生管理处、研究生综合处、教务处、教师教学发展中心、教学质量监控与评估办公室等。而在党委部门的设置上，主要包括了党委办公室、保密工作办公室、纪委办公室、监察处、信访办公室、党委组织部等。

各高校的行政管理部门大体相同，而且部门设置全面，能够全面地进行运转。例如，党委组织部发挥着不可替代的作用，发展党员、传达政府教育部下达的各项方针政策等，是各高校不可或缺的一个重要部门。而党委宣传部是负责全面的各高校宣传思想工作，加强思想政治工作，并向全校师生宣传重要思想的重要部门。这些部门都是高校中不可或缺的部分。

（二）高校行政管理的管理体制不断完善

各高校在行政管理的体制上，也做了很多努力，趋于完善阶段。例如，在各高校行政工作中必须面对的一个重要问题就是学术与行政之间的关系问题，当前的很多大学在行政管理的工作上，很难给自己做出一个准确的定位，要么轻视自己的职责所在，要么抬高自身的价值。学校的行政管理工作人员在弄清楚自己职责所在的同时，要准确地为自己定位。准确的定位才能有一个完好的管理体制。而各高校的行政管理人员要始终将为学校服务为中心和出发点开展工作，否则就会在工作中迷失自己。该大学的行政管理部门就要对自己进行准确的定位，始终记得自己的首要任务是服务于该校。尤其是党政机关的人员，更要知道，自己身为党政服务人员应该做到以身作则。各高校行政管理的管理体制上，目前已经趋于完善，但在运作中，也存在一定的问题，有待改善。

（三）高教管理队伍的综合素质不断提升

对比以前，我国高教管理队伍的综合素质提升了很多。从2008年开始，各高校都对管理人员的素质要求提高到要求硕士毕业才有资格留在各高校从事管理工作。管理队伍的素质提高，从而会提升各高校管理的水平和效率。随着高科技的发展，各高校的管理人员需通过电脑来传输各个工作资料，而以前的各高校管理人员，工作20年后，对电脑知之甚少，还是采用之前的手写或者必须要通过电话见面来完成工作，这样大大地降低了工作的效率。而高校管理队伍素质的提高，能够使新鲜血液得以顺利融入，工作效率最终得以提高，从而更好地为高校的教师和学生服务。

（四）高等教育大众化

高等教育大众化的重要标志是高等教育规模逐年扩大、适龄青年的入学率逐年上升。

招生规模是人为设置的，虽然进入大学的"门槛"在逐年降低，但高等教育规模在逐年扩大，给更多的人提供了接受高等教育的机会，国民的综合素质提升了，整个中华民族的科学文化水平提高了，为社会主义现代化建设和发展知识经济培养了不同层次、不同类型、不同规格的各类人才。"门槛"高低受招生规模制约，是人为设置的，不是评价高等教育质量的决定因素。

人是发展变化的，一次入学考试分数的高低，只能反映一次竞争的结果，不能代表人的素质优劣，更不能以此来推论或决定人的终身。

大众化阶段的高等教育，其教育目标定位是提高整个中华民族的科学文化水平，而不是少数精英。因此，虽然"门槛"降低了，但并不能说明质量下降。

（五）高校教育质量标准从单一走向多元

长期以来，受计划经济体制的影响，人们是用一个尺度衡量高等教育质量的。这反映在教育目的和人才培养目标的统一规定方面，也反映在统一的教育质量评价体系及其课程体系、教学内容等方面。如果说这种现象同当时的计划经济体制相适应，那么现在显然已经不合时宜。

新时代的中国更加开放，多元经济和多样化社会必然对高等教育提出多样化的需求，高等教育多样化是适应社会经济多元化、高等教育大众化、科技发展高速化、社会需求多样化、人的素质差异化的必然要求。高等教育只有为社会提供多层次、多类型、多形式的教育，才能满足社会对各类人才的需求和个性发展多样选择的要求。面对多样化需求的社会，高等教育必须走多样化之路，科学定位，主动寻找有利于生存和发展的空间，才能发展个性，办出特色，提高质量，经受住激烈竞争的人才市场的检验。

现在高校的教学管理制度引导高等教育适应社会，引导其追求理想学术型的办学模式和人才培养模式。多元教育质量观有别于传统教育质量观的理念，它突破了计划经济的思维定式，有利于增强高校自主办学和自我调节的能力。它不仅对不同层次、不同类型的高等教育采用不同的质量评价标准，而且允许同一层次、同一类型甚至同一专业的人才培养目标也可以不同。多元教育质量观更能突出办学个性和特色，其运作更加客观、贴近市场，因而有利于引导大众化阶段的各级各类高等教育在各自的层面办出特色，提高质量和水平。

（六）高等教育管理信息化

互联网的发展与计算机的普及，改变了高校传统的人工管理方式，信息化管理逐渐渗透到高等教育的各个角落。信息时代，人们更加注重信息获取的及时性和便捷性，高等教育管理信息化是教育改革的重点项目。

目前，我国高校都已建立本校的网站，用于向社会传达高校信息。此外，高校内的教学、实验、生活也都以信息设备为依托。例如，多媒体课堂、学生

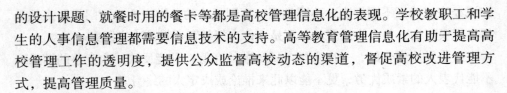

的设计课题、就餐时用的餐卡等都是高校管理信息化的表现。学校教职工和学生的人事信息管理都需要信息技术的支持。高等教育管理信息化有助于提高高校管理工作的透明度，提供公众监督高校动态的渠道，督促高校改进管理方式，提高管理质量。

（七）高校后勤管理的社会化

为了适应高校规模扩大后的工作人员紧缺状况，社会服务开始参与高校后勤。随着大量社会人员流入高校，高校后勤管理更加注重安全性，以学生的学习与生活安全为重。

（八）私立高校的异军突起

市场经济的主题就是竞争，这给我国的公立高等院校发展带来很大冲击。目前，市场因素开始介入高校发展，大量私立高校纷纷涌现，给公立高校的招生带来一定压力，学校之间竞争加剧。私立高校的出现打破了公立高校垄断高等教育的局面，丰富了学生的就学选择，为社会闲置资金提供了应用渠道。更重要的是，它迫使公立高校实现教育转型，创新教育管理体制，提高学校竞争力。

（九）多样化的高等教育对素质教育有了新的解释

中国是一个具有几千年封建历史的文明古国，传统教育的价值过分倾斜于政治功能，衡量教育质量的重要标准是能否为统治阶级培养所谓的"济世之才"，主张循规蹈矩，反对离经叛道。近代工业文明传入中国后，科学教育受到重视，以占有知识的多少和深浅为标准的知识质量观一度占据支配地位，强调培养学术型或学科型高级人才。

到了20世纪80年代中期，针对大学生动手能力不强的现象，我国高等教育强调能力培养，出现了知识质量观转变为能力质量观的趋势。到了20世纪90年代中期，素质教育在全国兴起，教育质量观得到广泛认同。从教育的知识质量观到能力质量观，再到包含知识、能力在内的全面素质质量观，反映了社会变革、转型时期人们对教育本质认识的深化，丰富了教育理论与教育实践知识，促进了教育质量和办学水平的提高。

但是，受传统思维定式的影响，其价值取向仍然偏向社会功能而忽视教育的个体功能，人才观仍然偏向理想模式下的"全才""完人"，而忽视多元经济和多样化社会对人人，尤其对专门人才的多样化需求。

素质教育是针对中小学"应试教育"提出来的，高等教育中讲的素质教育，从文献看，主要是针对人文与思想政治教育环节薄弱提出来的。大体有两种倾向：要么把素质与知识、能力等并列或对立起来；要么在"全面"上做文章，对素质进行分解，试图把学生培养成"全人"或"完人"，两种倾向都有失偏颇，根源就在于对素质教育内涵的理解上。

素质教育是基于受教育者的基本素质，通过最佳途径，促进其主动在各层面全面发展的教育模式。这个概念的基本内涵如下：①素质教育的基础是受教育者的基本素质；②人的素质存在差异，素质教育只能因材施教，分类进行；③它是一个过程，其效果取决于实施途径；④是主动学习而不是被动学习；⑤目标是适应社会，全面发展；⑥具有理论与实践意义和可操作性。

大众化教育阶段的高等教育资源通过优化与重组，不同层次和类型的学校将进一步分化。多样化的高等教育要求人们必须走出传统的培养模式，进行制度创新，将传统理想模式改变为受教育者根据自身的实际情况与现实可能，选择有利于社会价值与个体价值统一的成才模式。即使对所谓"片面"发展的"怪才""偏科生"，也不能用现在的质量标准将其拒之门外，而应采取特殊的培养模式，促进其在"片面"方向"全面发展"。这类人才的特殊性在"片面"，决不能用理想模式迫使其舍长就短，成为平庸之才，更不能将其扼杀。

因此，传统意义上的因材施教将在分类培养的基础上，在更高层次上回归。教与学的角色将实现历史性的转变，教育不再是单向传授，而是相互的、有组织的和持续的交流。受教育者将能动地根据专长、志向和兴趣，按能级归位，选择有利于自身发展的教育形式。新的素质教育必须克服上述两种倾向，不再追求标准化的单一理想模式及其质量标准，而应建立有利于不同层次、类型的人才发展的多样化的因材施教、分类培养、教学互动的弹性模式及其教育质量标准。

教育质量观属于教育哲学范畴，它是一个发展的概念，准确把握其内涵和外延，需要在教育实践中不断进行理论探索和实践总结。高等教育大众化必须是数量与质量的统一，关键是要建立正确的教育质量观。在社会转型和高等教育向大众化跨越的历史时期，教育质量观起着重要导向作用。怎样发挥其正面导向作用，克服其负面导向作用，促进高等教育的规模、结构、质量、效益的协调发展，是人们必须解决的重大课题。

二、我国高教管理存在的问题

我国的高等教育管理一直发展缓慢，并且，高校内缺乏专业的教育管理人员，没有完备的管理体系，给管理工作带来很大的困扰。高等教育管理是政府、社会、高校三方都应重视并积极参与的工作。

（一）管理边界问题

改革开放以来，指导我国高校内部管理体制的文件绝大部分都是由国务院或者教育部下发到各高校。由于所颁布的一些规定不清晰，或者某一表述太模糊以及颁布的条例不完善，造成了各高校对职责表述的界定不清晰或是关系之间表述的不确定。

《高等教育法》第三十九条明确规定："国家举办的高等学校实行中国共产党高等学校基层委员会领导下的校长负责制。"从这一规定看，党委的职责是"领导"，而校长的职责是"负责"。但在实际应用中各高校却出现了"领导不负责，负责不领导"等众多说法，这就是对职责范围表述界定不清晰引起的。我国在法律法规表述上需要进一步清晰、明确地表述党委和校长其各自的职责范围以及其职权范围内的领导和责任。

因此，我国应该有针对性地解决并完善在高校内部管理体制改革中以及现行的一些法律法规中有可能出现的问题。

（二）学术权力过少

现阶段，根据《高等教育法》规定成立的学术委员会并没有被赋予过多的权力，而是仅限于教学与科学的研究计划方案，评定教学和科学的研究成果等相关学术事宜，审查并评议学科及专业的设置。事实上，在高等学校中没有实在的决策权。许多情况下，高校的学术委员会并没有发挥自己真正的作用。

（三）人事考核问题

考核评估工作是高校人事制度改革中的重要内容，是建立现代大学制度，进行人事制度改革必须关注的重要问题。高等学校的特殊性质决定了高等学校人事制度的多样化及复杂化，从而导致在人事制度改革中考察评估难的问题。通常表现为以下几点：①行政、教辅、科研及教学的工作对象不同，岗位工作的方式及工作的方法都不尽相同。由于高校人员的职责落实困难，影响并制约了岗位责任制的实行。②难以量化高校的岗位工作。高校的岗位工作难以量化，考核的标准很难做到科学化及易操作化。③所录用人才的标准也不尽相同，在职称评定、升级、升职等方面的考核，缺乏科学性和可比性。在录用后，要坚定地落实岗位责任制度，探索并制定适合高等学校特点的考核方法及办法。现在很多高等学校对分配制度都进行了改革。在学校内部的分配方面，整体拉大了距离，倾向于高学历、高职称、高贡献的人员，为的是调动专业技术人才的积极性。可是就目前来看，仍然有不少问题需要解决。例如，考核标准的不同影响了分配的合理性；行政管理人员的工作性质不易量化，分配不能刚性化、固定化，从而显现出许多矛盾。

就目前教师工作的实际看，应建立定量评价与定性评价相结合、以绩效评价为核心的评价机制，以期达到人性化、科学化的考核目的。

（四）后勤社会化仍处于单向的社会化

直到现在为止，各高校的后勤社会化改革仍然形式高于实质，真正能够符合各高校的现代企业制度的后勤改革并不多，大多都是仿效一个模式或几个模式进行改革，实际上，一些高校后勤社会化的改革仍然没有超越出高校的范畴，依然是依靠高校的发展而发展。高校自内而外的社会化是高校自身向社会化方向发展，但社会参与的程度明显不够。许多高校名义上在学校成立了后勤集团或是后勤实体，但只是把原有后勤机构的名称换成了后勤集团，后勤领导也只是换个称谓而已，后勤机构的管理仍然是按照高校事业单位的建制而运行，后勤社会化改革中的人事制度仍存在"老人老办法"这个缺陷。

（五）高等教育大众化带来的问题

近年来，在大学扩招政策的影响下，入学人数急剧增加。大学入学人数的增长，为更多人接受高等教育、提升自身素质提供了机会，响应了科教兴国的政策。但是随着招生规模的不断扩大，在教育管理过程中也暴露出一些问题。如生源质量不能保证、师资力量建设速度缓慢、学校设施不足和负债严重、教学内容与就业内容脱轨以及学生主观能动性不高等。

1. 生源质量不能保证

在高校扩招政策的影响下，能够拿到本科、研究生学位的学生逐渐增多。一方面，它为学习成绩不是很好的学生提供了学习机会，使其可以进入本科院校继续学习；另一方面，有利于提高全民教育水平，符合提高人民综合素质的要求。但是，扩招在为学生带来更多受教育机会的同时，也导致了生源质量不能保证，拉低整体教学质量。原本只能上专科的学生，现在可以在本科院校中学习。对于勤奋爱学的同学，是得到一个继续努力的机会；但是对于那些有着"混学历"观念的同学，进入高校后便失去目标，荒废学业，影响学校的整体学习氛围，导致教学质量下降。

2. 师资力量建设速度缓慢

高校内学生人数不断增加，但大学教师人数并没有太大变动。对于高校教师的培养也是需要花费一定时间和精力的，然而有些学校摒弃了以往"老带新"的传统，直接聘用缺乏教学经验的新教师，教学质量得不到保证。在过去，每名导师只带两三个研究生，而现在有的导师带多个研究生，从而导致导师对研究生的指导不足，不能帮助学生从事项目研究并进行独立思考，致使毕业的研究生质量不高。优秀教师的培养并不是一时之功，而是一个长期的过程。青年教师需要向老教师多多学习，提升自我。

3. 学校设施不足，负债严重

学生增多，相应的教学设备理应健全。一般大学为了承载这些新增加的学生，会建设大学城，增添新的设施为学生提供教学环境。但是，学校建设需要相应的经费，国家原则上应该拨款建设，实际上只支持学校贷款。学校为了扩建不得不去银行贷款，导致负债累累，只得自行开办其他创收项目以填补欠下的债务，维持学校的日常运营，从而导致大学看起来不像是一个学术场所，而更像是一个营利场所。不明真相的学生抱怨学校的学术资源太少，而学校则抱怨国家给的补贴少、债务重，产生了恶性循环。

4. 教学内容与就业内容脱轨

教学人才培养模式陈旧，不能与时俱进，存在着与就业单位实际人才需求相脱轨现象。在教育教学中，学生缺少实际的操作方法，得到的只是从课本中学习的知识，部分学校为了节省师资，没有开设相关的就业指导课程，使学生没有树立正确的择业观念；而有些学校教学方式老套，学院派现象较为严重，理论课程占比较大；高校与企业需求之间存在相对差距，导致学校对企业不够了解，不能充分掌握社会真正需要什么样的人才，从而缺乏实践性和针对性，导致教学内容与实际就业需求脱轨。

5. 学生主观能动性不高

部分高校的教育教学方式不准确，促使学生被动学习，缺少灵活性，降低了学生的主观能动性和积极性，导致学生自己不爱动脑、动手和动口，依赖老师，从而没有自主学习的时间和空间，致使学生的主动性受限制，学习效果不佳。

（六）高等教育中的权力多元化

伴随着我国经济、科技、法律的发展，原有的社会一体化格局被打破，社会多元化格局开始建立，国家部分权力被下放到高校。我国的高等教育管理正面临这样的困境，权力虽被下放到学校，但学校并没有处理好教育的公益性与私益性之间的关系，尤其是以广大三本院校为代表向学生收取的费用明显过高，使本能够接受更好教育的学生面对高额学费望而止步，降低了贫困学生接受高等教育的概率，即使咬牙步入校园，面对学习生活压力不得不长时间打工赚取学费及生活费，严重影响学生的学习生活并造成学生严重的心理压力。

（七）高校与相关社会组织在教育管理工作中出现的问题

除民办、公办高校外，另外一种办学模式——中外合作办学也逐渐在中国兴起。三种办学模式虽然推动了我国高等教育的发展，但是也导致了很多管理问题。例如，如今高校间为了获得更多生源，开始诋毁其他学校或者过分夸大办学规模，进行教育行业的恶性竞争。民办中外合作办学的高校在收费方面受多方因素影响，他们的教育管理理念与现有的教育法规定有一定出入。

（八）缺乏专业性的教育管理人才

高等教育以培养社会需要的具有渊博知识和创新精神的专业人才为目的，但是，目前，我国明显缺乏具有大局观的专业性高等教育管理人才，部分高校存在教育管理人员利用学校名誉在外办辅导班的恶劣现象此外，教育管理部门缺乏合理的人员选拔机制，高校的教育管理人员多为学校干部，他们并没有接受过系统、专业的教育管理指导。而且这部分人员年龄偏高，对新管理理念的接受度不如年轻人，在管理中可能缺乏创新意识。

（九）教学管理组织的权力性倾向严重

教学管理组织本身是为实现学校的教育、教学目标而形成的结构优化、精干高效的管理系统，这个系统将学校中众多的教学要素进行有机的组合和动态的管理。但是，在我国的高校教学管理中，常表现出教学管理组织的权力性倾向严重的问题。"权力—强制"策略虽然是教学管理中的一种手段，但不是唯一的手段。在教学管理中，如果过分地强调组织的权力，使用强制的手段进行管理，往往容易触及学校的敏感神经，教师会有消极的情绪，学生会产生逆反心理，教学的质量不但不会提高，在管理中还会出现被动的局面。

高校进行教学管理的目的是提高教学水平，培养优秀人才，要达到这个目的，关键是要拥有合格的、积极主动工作的教师和自觉学习的学生。教学管理组织应合理地运用手中的权力，充分发扬民主，采用合作化的管理手段，充分调动行政人员、专业人员、教师、学生以及校外人士的积极性和参与性，才能有利于教学工作的开展。

（十）教学管理组织的运作模式相对单一

模式是再现现实的理论性的简化形式。目前，在我国高校教学管理中，一般采用等级制的管理模式，即从校长到学生，一级抓一级的方式。至于学生的表现如何，校长的管理能力怎样，这中间受到太多因素的干扰。教学管理中，应该采用以一种适合本校发展的模式为主、其他管理模式为辅的共同管理模式。

（十一）教学管理方法陈旧

高校教学管理的方法就是实现教学目标、完成教学任务的基本手段。掌握并运用有效的基本方法，对于提高管理绩效具有十分重要的意义。教育要创新、科技要创新、人才培养要创新，教学管理的方法也同样要创新，不能总是采用一种陈年旧法。学校的教学管理本身具有权威性、强制性和垂直性等特点，如果在管理方法上不注意，难免会造成主观主义和命令主义的错误倾向，就会伤害教师和学生的感情。在科学教育飞速发展的今天，要想在管理上出成绩、出效益，就得选择适当的方法，有效地组合方法，从而达到事半功倍的效果。

第三节　高教管理的特殊性

事物的本质是由事物内在的特殊矛盾所决定的，是该类事物普遍具有并区别于其他事物的特殊属性。因此，为了弄清什么是高等教育管理，必须弄清它和一般管理的共同点，更要弄清它的特点，即弄清它和一般管理的质的区别。

管理所要解决的特殊矛盾是把有限的资源分配给难以满足的目的。这里说的"资源"和"目的"的矛盾，着重强调的是合理配置资源以取得最大的效益，这是管理这一社会现象区别于其他事物的特殊属性，即本质特征。高等教育管理的任务是要合理调配和使用有限的教育资源，以达到为国家培养更多更好的人才和创造更多更好的科研成果的目的。这里所要解决的主要矛盾，也是合理配置有限的资源和难以满足的目的的矛盾，但这还只是说明了它与一般管理所具有的共性。为说明高等教育管理的本质，就必须分析高等教育管理过程中矛盾各方面的特殊性。下面将从管理目标、管理对象、管理过程等几个主要方面来进行分析。需要指出的是，高等教育管理，包括政府对高等教育事业的宏观管理和高等学校的管理，而做好高等学校管理是高等教育事业宏观管理的基础和条件。因此，下面着重从高等学校管理活动的特点来进行分析。

一、高等教育管理目标的特殊性

高等教育系统目标的特殊性决定了高等教育管理目标的特殊性。高等教育系统的主要目标是根据高等教育的功能来确定的，因此，对管理的功能与目标相应地提出了它的特定要求。高等教育管理的功能就是要通过计划、组织、协调、控制等使高等教育更加符合社会发展的要求，符合社会生产力的要求，这种要求表现在教育的层次、结构、规模、质量等方面的目标。另外，在微观方面，高等教育管理要使组织中的每个成员按高等教育规律办事，更好地完成既定的目标。高等教育系统的目标是根据高等教育规律和社会发展规律对高等教育的需求来制定的，所以，高等教育系统的协调活动也应该以高等教育的规律为指导，而不能简单地照抄企业管理中的某些方式方法。从这个意义上来说，高等教育的微观管理是以更好地培养人才并且着眼于提高人才的质量为根本目标的管理活动，它不能、也无法以只追求经济效益为目标（更不能以只追求利润为目的）。在市场经济体制下，高等教育要不要考虑经济效益的问题，一直以来都是政府行政管理部门和管理工作者闭口不谈的问题，好像一谈经济效益就乱，就偏离教育方向，而不谈经济效益就"死"，因为，在市场经济体制下没有不讲经济效益的组织，没有不讲经济效益的管理活动。与行政管理、企业管理等其他管理所不同的是，如何将社会效益和经济效益有机结合，纳入高等教育管理的目标中，正确地处理好社会效益与经济效益的关系，是高等教育管理者值得研究的，这也正反映了高等教育管理目标的特殊性。

高等教育的主要任务是培养人才和出科研成果，因此，其工作性质有很强的学术性和精神因素。

（一）高等教育管理目标首先是实现教育目标

高等学校的主要任务是培养高级人才和研究高深学问，学术性都很强。保证和提高培养人才的数量、质量和学术水平，这是高等学校的教育目标。而高等教育管理目标则是充分利用一定的人、财、物等教育资源，培养出更多更好的专门人才，创造更多更好的科研成果，取得较好的效益。所以制定高等教育管理目标必须以党和国家的教育方针政策为指导，以高等学校的教育目标为主要依据。这是高等教育管理目标最主要的特点。高等学校的领导和管理人员在制定管理目标时，必须首先考虑如何通过有效的管理来组织教育活动以实现教育目标。不顾教育目标而制定的管理目标，必然使管理目标没有方向或方向不明，也就是没有明确的办学指导思想。所谓端正办学指导思想，就集中体现在高等学校管理目标的制定和组织实施上。当然，科学的、明确的管理目标，又是搞好高等教育管理、实现教育目标的保证；没有科学、明确的管理目标，就难以办好高等学校和高等教育，教育目标的实现也就没有保证。

（二）高等教育管理目标有很强的方向性，并且受传统文化的深层影响

方向性是各项管理的共性。但由于高等教育的主要任务是培养人才。一方面，培养人才是有意识的活动，是受一定的政治观念、价值取向支配的。高等教育价值观的形成、教育目标的确立、教育内容的选择、教学方法的采用等，都与人的思想意识和价值观念有着密切关系，受传统文化的深层影响。因此，具有政治方向性是高等教育管理目标的一个特点。正如《学会生存》一书中所指出的，任何教育政策都反映一个国家的政治决策、它的传统与价值以及它对未来的看法。很清楚，教育政策首先是每一个国家的主权具有的职能。因此，要保证教育目标服从于全面目标，要从全面的政治政策所准许的目的推演出实际的教育目标，要使教育目标和国家其他部门所采取的目标协调一致。另一方面，高等教育要为经济和社会发展服务，由于教育有周期长的特点，为了适应经济和社会发展的需要，人才培养计划必须超前安排。在我国，高等教育管理要坚持社会主义方向，这首先就必须明确地体现在高等教育管理目标中。

（三）高等教育管理目标以社会效益为主，而不以营利为目的

与一般管理一样，高等教育管理的目的也需要提高效率和取得更好的效益。但是衡量高等教育管理的效率时，必须充分考虑高等教育培养人才和开展研究工作的特点，教学和研究活动只有依靠这些活动过程的参加者才能有效地管理。因此，要提高高等学校的工作效率，必须依靠调动教师和学生内在的积极性和主动性。高等教育管理的目的，与企业管理以直接生产产品获得经济效益为主要目的是不同的。高等教育管理也要讲究投资效益，这主要是为了尽可能地降低教育成本，少花钱多办事。高等学校有时也进行一些有偿社会服务，或开办一些校办产业；但就学校的主要任务——培养人才来说，应以社会效益

为主，而不以营利为目的。培养人才的数量和质量才是评价高等教育管理成效的标准。

二、高等教育管理资源的特殊性

高等教育资源是指整个社会用于教育领域中的人力、物力和财力及知识产品、文化产品等的总和，有效的可利用资源是指高等教育的主办者对高等教育的投入所形成的资源，主要表现在经费投资方面。社会用于教育资源的来源又与社会中的区域发展相关联，与政府对教育的投资相关联。教育是一种事业投资，但是它又不仅仅是纯粹的事业投资，因为它的投资对象决定了教育不可能是完全的事业投资，事业投资的对象主要是针对公共事业，公共事业是面向大众的，基本上所有的民众都可以享受到公共事业所提供的福利。而高等教育的对象群体不是单纯的享受公共事业的群体，毕竟当高等教育还没有达到普及化的时候，高等教育就不可能是一种完全的事业行为，虽然高等教育的结果是回报了社会，但是受教育者只是整个社会群体中的一部分。那么，为什么不能普及高等教育？这是由高等教育资源的有限性决定的，这些资源又受到整个社会政治经济发展的制约。所以，一方面，高等教育的投入来自政府、学生家长、学校自身和社会的多方融资，构成了投资的特殊性，这就决定了高等教育资源的特殊性。马克思指出："要改变一般的人的本性，使他获得一定劳动部门的技能和技巧，成为发达的和专门的劳动力，就要有一定的教育或训练，而这就得花费或多或少的商品等价物。"要进行教育活动，先要从社会的总劳动力中抽出一部分劳动力，这就是从事教育的劳动者和进入劳动年龄的受教育者，他们要消耗一定的学习资源、生活资源，还必须有一定的物质技术条件，如校舍、图书、仪器设备等。高等教育财力资源不是自然资源，或者也不是可以通过生产方式就可以生产制造出来的，而是要通过长时间打造和培育出来的，是随着社会的发展与需求逐步形成的。另一方面，在满足了人的再生产及所需要的物质再生产以后，社会所能用于教育的资源就很有限了，难以满足社会和个人对教育的需求，这也是教育管理中的一对特殊矛盾。因此，如何去获得更多的教育资源，如何有效地使用稀少的教育资源，就成为社会领域和教育领域共同关心的问题。高等教育资源投资的特殊性构成了高等教育管理资源的特殊性。

高等教育管理资源要素的特殊性具体表现在以下三个方面。第一，这是由一群高级知识分子组成的特殊的群体，组织及其成员的特殊性就构成了要素的特殊性。从高等教育管理的主体和客体来看，即从管理者和管理对象两个方面来看，组成高等教育系统的主体要素之一是教师，是创造和掌握专门知识的群体。因此，对他们的管理要符合这一群体的心理活动和以个人脑力劳动为主的集体性活动的特征。另外一个高等教育系统的主体性成员之一是学生，是一群18岁以上（大概率）、受过完全中等教育的青年，对他们的管理和协调方式要符合他们身心发展阶段的特殊性。正是由于高等教育系统组成人员的特殊性，管理中存在着一种特殊的管理现象，这种现象强调和要求自我管理。应该说，自我管理是任何管理中都存在的一种现象，但是，在高等教育管理中，自我管理尤为重要，它是一种身心和智力发展的自我管理，他们需要学到或养成具有自我管理、自我组织、自我发展的能力。他们的心理特征也表明，在教育过程中，完全有必要让其发挥自己的自我组织管理的能力，才能更好地促进发展。所以，管理对象是高等教育管理要素最重要的特点。第二，教育投资与经费的管理是一项复杂的工作，因为它的用途是复杂的，有时候还不能用绝对的量化管理来处理，有时候投入产出还无法在短期内就能取得成效，经济回报率可能很低。这就是高等教育的经费管理有别于企业管理、行政管理、经济管理等的特殊性。第三，教学与科研的物资设备的管理特殊性，表现在这类资源不完全是生产性资源，这些物资设备是建立在教学科研功能上的，是为了完成教育教学实验实习、科学研究开发等，它不仅仅是一套设备，可能是一个个教学实验和科学研究的基本平台。

与工厂企业不同，高等学校的管理对象具有特殊性。工厂企业的管理者面对的主要是工人。工人生产的是没有意识的物品，它完全听凭生产者摆布。高等教育管理者面对的是教师和学生。教师与工厂企业的工人有着不同的特点。教师既是管理对象（被管理者、操作者，从这个意义上说，与工厂的工人处于相同的地位），又是管理者，因为他们所面对的学生，不同于工厂生产的物质产品。管理者的绩效是通过别人的工作而表现，而作业者的绩效却是通过他自己的工作而表现，假设仅靠自己的力量即可完成某一工作目标时，则此活动只能称为"操作"，而不称为"管理"。学生是有意识的个体，具有主观能动性；学生的主动性会对教育过程和管理过程产生很大的影响。学生既是被教师塑造的产品，又参与自身的塑造，参与自身学习和研究活动的操作，从这个意义上说，他们又是教师和学校的管理对象。而且，在学生群体中，我们还提倡加强学生的自我管理，从这个意义上说，学生也是管理者。

作为管理对象的教师和学生，都是主要从事学术性工作和学习的脑力劳动者，这种工作性质决定了他们的工作方式个体化程度很高，需要进行创造性思维。高等教育管理对财力、物质资源的配置是否合理，也无不与教师和学生及他们的工作和学习相联系。因而高等教育管理的一个十分重要的任务，就是要调动教师和学生自身的积极性和主动性，并为他们创造有利于独立思考、自由发挥的环境和条件。

同时，高等教育学生身处在社会迅猛发展的时代，行为以及思维方式均发生了改变。这一变化对高等教育管理而言，是一种全新的挑战与发展契机。目前，大部分专业学生均是家中的独生子女，再加上家长的"专宠"，难免会存在自私自利、自我中心等意识。与此同时，互联网为学生的学习创造了诸多的便利条件，学生通过线上便可获取信息资源，这严重减少了学生之间的互动交流，这也是学生缺乏集体主义精神的主要原因之一。由于学生自我意识突出，导致高等教育管理面对着不小的难题。

研究和从事高等教育管理，必须十分重视研究和了解师生的这些特点。

三、高等教育管理过程存在着大量的学术管理

高等教育管理过程是以知识为中介的人际关系活动过程，因此，存在着大量的学术管理。

从宏观高等教育管理来看，高等教育事业具有很强的战略性和前瞻性。高等教育管理活动的整体发展规划关乎长远的社会民生问题，需要许多专家系统地来完成，活动的内容涉及民族文化、区域经济、人口发展、科学技术水平、社会环境等。从微观高等教育管理来看，高等教育管理活动的特殊性体现在高等教育组织管理的活动中，最主要的表现特点之一就是要协调学术目标与其他目标之间的矛盾。

学术目标是一种高智力投入和高智力劳动的追求，除了个体的高智力劳动外，同时还要强调高智力劳动的结合、高智力劳动者的团结协作。高等教育系统的主导性活动是传授知识、创造知识，高等教育所培养的各类专门人才和高等学校所提供的各种科技成果，主要是通过学术水平和应用价值的高低来衡量的，管理活动的学术性十分强，而这种学术性不可以用一般行政性的方法进行管理。因此，学术目标的组织、协调、实现等是高等教育管理活动中的特殊矛盾，这就要求高等教育管理活动一定要重视学术这一特殊目标，使这一特殊的管理目标与学术目标相符合。高等教育组织中的教学活动是教与学的双边关系，高等学校师生是一个特殊的群体，在完成教学目标和管理目标的过程中，师生参与到具体的教学管理活动，达到双边认知认同，教学民主就显得更加重要。高等学校的教职工是高等教育系统中能动的力量，是实现高等教育管理目标的智慧源泉，要发挥他们的智慧和力量，学术自由是高等教育管理必须考虑

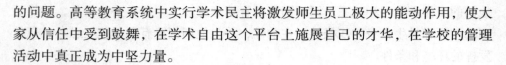

的问题。高等教育系统中实行学术民主将激发师生员工极大的能动作用，使大家从信任中受到鼓舞，在学术自由这个平台上施展自己的才华，在学校的管理活动中真正成为中坚力量。

（一）高等教育管理过程有很强的学术性

高等教育的教学与科研是分专业、分学科进行的，其管理过程有很强的学术性。高等学校的基本职能就是传授知识、创造知识和应用知识。不论教学活动还是科研活动，都是以知识为媒介的。知识材料，尤其是高深的知识材料，处于任何高等教育系统的目的和实质的核心。许多高等学校里的人际关系问题，都涉及一些学术问题，处理起来要特别慎重。还有一些对人、财、物等资源的合理配置问题，也与学术问题有关。在高等教育管理活动中，既有行政管理，也有大量的学术性管理。学术管理有其不同于行政管理的特点和规律，而且学术管理和行政管理往往又交织在一起，很难划分。

（二）高等教育管理过程中人的因素起着重要作用

高等教育管理过程是管理者、教师、学生三边相互交流的活动过程，人的因素发挥着重要作用。一般的生产管理都应重视管理者与工人（操作者）之间的双向交流，所以管理活动都体现为人与人的关系，都要重视人的因素、人的行为。高等教育管理则是管理者、教师、学生的三边相互交流的活动过程。这是因为高等学校培养人才的教育过程本身，就是教师与学生之间的双向交流的活动过程。要取得好的教育效果，教师必须了解学生，启发学生积极思维、主动学习；师生之间要经常交流，教学相长，不能只是单向地灌输。高等教育管理由于有大量的学术管理，要取得好的成效，管理人员必须与各专业、学科的教师加强双边交流；还包括管理人员与学生之间也要加强交流，取得相互理解和支持特别重要。这种三边相互交流活动，说明在高等教育管理过程中要十分重视人的因素。

（三）高等教育管理过程有难以控制和评估的特点

高等教育管理过程是多种功能交织在一起的复杂过程，有难以控制和评估的特点。高等教育是培养专门人才的工作，具有多种专业，不论什么专业，又都要使培养目标中德、智、体、美多方面的要求综合地体现在一个一个学生身上。高等学校除了培养人才这一根本任务以外，还有开展科学研究，直接为社会服务，传播社会主义精神文明等多种社会职能、多方面的工作，而且各种职能、各方面工作之间又相互联系，相互制约，其运行过程交织在一起。因此，高等教育管理过程是很复杂的，具有综合性的特点。高等教育管理过程的综合性，要求领导者在管理工作中善于调动各方面人员的积极性，依靠集体的力量来推动学校管理过程的有效运转，而且要注意综合地从整体上分析问题，处理问题，防止顾此失彼。

任何管理过程都是一个控制过程。现代企业的生产过程中各个基本环节往往是由多个生产者共同进行的，其生产活动形式是清晰可见的，管理者随时可以观察、控制生产中的每一个环节；企业生产的产品是规格化、标准化、定型化的，生产的周期比较短也能较好地实现对生产过程的管理和控制。高等教育管理过程则有难以控制的特点。正如前文提到过的，这是由于，一是学校教育工作的周期性长，管理效能具有滞后性，它的社会效益要在若干年以后才能显示出来；同样，管理工作若有失误也要若干年以后才能充分地暴露出来，难以及时反馈。二是教师的工作性质决定了其工作方式大多是个体劳动，具有很强的独立性，不像工厂生产物质产品那样按工序进行严格的分工，对每一环节的生产情况都能随时观察、控制，而只能提出目标要求，检验工作成果，对工作的具体过程很难控制。三是高等学校的产品（学生）虽然也有一定的培养规格和质量标准，但较之物质产品，则很难定型化、标准化，培养学生的质量不易检验，受社会供需变化和社会环境条件的影响很大，要经过相当长的时间才能得到真实的反映。而且学生还有很大的可塑性，学生的性格、思想、智力也各有差别，在管理过程中要注意因人、因时制宜，因材施教，这也增加了控制的难度。

四、高等教育管理受到更多内外环境的影响和制约

高等教育管理要受到社会大系统中各种因素的影响和制约。因为教育是受一定社会的经济、政治、文化、科学技术制约的，又反作用于一定社会的经济、政治、文化、科学技术，并为其服务。高等学校和整个高等教育事业的管理必然要受社会生产力和生产关系、经济基础和上层建筑的发展变化的影响。例如，一所高等学校规模的大小，就不完全是学校内部管理所能决定的，它要根据国家在一定时期对高等教育事业发展的目标和学校所处的地位来确定。与工厂生产相比，高等教育管理所受到的内外环境的影响要复杂得多，包括经济、政治、文化、科学以及人口、地理条件和自然环境等的影响和制约。除了物质环境之外，人文环境对于高等教育管理的影响尤其重要。营造良好的人文环境是高等教育管理的一项十分重要的任务。因此，必须把高等学校和高等教育事业放在整个社会大系统中，作为其中的一个子系统来认识它的种种现象，

来进行管理，而不能把它孤立于社会大系统之外。高等教育管理必须充分重视各种环境因素的影响。

纵观部分高等教育在开展日常管理工作时，仍沿用传统的教育理念。目前，社会需要的是个性化、全面化的复合型人才，传统的教育理念已经无法充分满足社会对于人才培养的实际需求，导致学生的学习潜能无法被有效地激发出来，这极不利于学生的全面发展。与此同时，部分高等教育机构的管理模式，也尚未做到与时俱进，及时更新，无法对学生开展有效的管理。

第四节　高教管理体制

一、高等教育管理体制的含义

高等教育管理体制是高等教育在管理机构设置、领导隶属关系和管理权限划分等方面的体系、制度、方法、形式等的总称。它属于上层建筑的范畴，与一定的社会制度密切相关。它既是一定历史时期生产力水平的反映，又与一定的生产关系发展相联系，是我国整个国家管理体制的重要方面。它随着高等教育的出现而产生，随着高等教育事业的发展而发展变化。

高等教育的管理体制，就其组织体系的结构来说，主要分为三层：高层管理、中层管理和基层管理，现在通常把高等教育管理体制中的前两层称为"高等教育的宏观管理"，第三层称为"高等教育的微观管理"，即高等学校的内部管理。因此，高等教育的管理体制包括高等教育的宏观管理体制和高等学校的内部管理体制。

高等教育管理体制根据现代高等教育发展的要求，可以分解为下列形式。

（一）高等教育领导体制

高等教育领导体制是指高等教育领导机构及与之相适应的行为规范的统一体，其核心是高等教育领导权力的基本配置方式。它包括高等教育行政领导体制和高等学校内部领导体制两个相互关联的部分。其中，高等教育行政领导体制是核心，是方向，它主要解决国家党政对高等教育实施领导权力分割和基本运作方式问题，即处理党和政府与高等教育实施机构（主要是高等学校）三者之间的关系问题。高等学校内部领导体制是基础，它主要解决高等教育实施机构内部的党政之间、学术与行政之间的权力分割和基本运作方式问题，即处理高等学校党政与学术权力之间的关系问题。

在市场经济体制下，政府、社会、学校在高等教育运行中各自是相对独立的利益主体，并以此为依据，做出相应的职责与权益划分。高等教育领导体制的建立，既要加强中央政府对高等教育的领导和政府对高等教育的分级管理，又要保证高等学校有充分的办学自主权和随着社会经济、政治的变化与发展不断做出主动调整的能力。政府对高等教育的领导与管理应通过立法、经费调配等手段进行间接控制，而不宜过多地采用行政手段进行直接控制，使高等学校对复杂多变的市场经济可以做出迅速、灵活、准确的反应，培养社会所需的各种高层次专门人才。

（二）高等教育投资体制

社会主义市场经济体制以公有制为主体，多种经济成分并存的特点要求高等教育的投资体制也做出相应的改变。从办学主体看，高等教育已从单纯的国家包办向国家、社会和个人多种主体办学并存的方向发展。高等学校应成为独立的实体，在经费收支等方面享有一定的自主权。从投资渠道看，国家各级政府财政拨款、收取学费、科研创收、社会服务报酬、校办产业收入、企业和个人投资以及海内外捐资等形式并存，将成为未来我国高等教育投资的基本形式。

（三）高等教育教学体制

在高等学校的教育、教学活动中，与市场经济体制关系最为密切的是高等学校的专业与课程设置，以及与此相应的一系列体制。在计划经济体制下，统一的专业课程设置不利于高等学校为市场培养多种规格和类型的人才。社会主义市场经济体制的逐步确立，要求高等学校的教育、教学体制向着国家和各级政府宏观调控、学校自主办学、社会积极参与、学生适当自由选择相结合的方向发展，并最终形成高等学校自主适应市场的教育、教学机制。

（四）高等教育招生、就业体制

在计划经济条件下统一招生、分配的体制已越来越无法适应社会主义市场经济的要求。建立和健全高等教育招生和毕业生就业的新机制，扩大高等学校的自主权，实行国家统筹规划、地方因地制宜、学校自主灵活、个人自由选择相结合的新的招生与就业体制，有效地实现人才资源的合理配置和流动，将是改革的大方向。政府在这方面的职责，将从下达指令性指标向用经济杠杆和有关政策进行宏观调控和引导的方向转变。

（五）高等学校内部管理体制

社会主义市场经济体制对高等学校内部管理体制的要求是建立一套高效的内部管理体制，提高办学效益和工作效率。市场经济的竞争性，要求高等学校打破计划经济体制下平均主义、吃大锅饭的状况，充分发挥各个部门和每个人的作用，合理配置和利用各种资源，建立起优胜劣汰、在利益分配上兼顾学校整体利益、部门利益和个人利益的高等学校内部运行机制，保证高等学校在健康、高效发展的轨道上履行其为国民经济建设和社会发展服务的职能。

二、高等教育管理体制的功能

高等教育管理体制的主要功能有以下四个方面：①通过规划与立法，协调、指导高等教育发展，使之与社会政治、经济、科技、文化发展相适应，并确保高等教育在整个社会系统中的应有地位；②通过经费等措施拨款，解决高等学校办学经费的后顾之忧并体现政府对高等教育发展的导向作用；③通过评估与监督，保证高等学校的办学方向、办学水平、办学质量；④通过协调与指导，保证高等教育系统内部各个子系统间的相互配合、协调发展。

三、高等教育管理体制构建的原则

为了使高等教育管理体制进入高效和优化的状态，管理体制的科学设置非常关键。一般应遵循下列原则。

（一）兼收并蓄的原则

我国现行的高等教育管理机构是根据我国历史，特别是近现代高等教育发展的需要，对管理机构不断充实、调整与提高的产物。同时，注意汲取欧洲诸国及美国、加拿大等国的经验与教训，形成具有中国特色的高等教育管理机构体系。

（二）分工明确又互相协调的原则

分工明确有两层含义，一是指各级管理机构职责分明，二是指同级管理机构内，各部门之间分工明确。同时，上下级之间、各部门之间必须很好地协调和配合，分工不分家。

（三）宏观控制与微观搞活相结合的原则

必须明确管理层次和控制幅度。各级管理机构和各管理部门必须职责明确，上级管理机构对下级究竟管到哪一层，控制多大的幅度，各部门究竟需控制多大的幅度，都须予以明确。

明确管理层次和控制幅度是处理好宏观控制和微观搞活的重要前提，也是机构设置的理论依据。

（四）民主与科学相统一的原则

当高等教育发展较快时，往往会因需设立一些管理部门。但是，按照高等教育发展的科学规律和理论，运用科学管理手段，就发现有些机构的职能是交叉重复的，因此应将各部门纳入科学的轨道，调整、合并一些机构。

（五）精简机构、提高效益原则

要真正做到高效管理，实现最佳管理状态，就要避免机构设置重复，力戒因人设置机构。同时，一个机构各部门也不宜重复设置，一个部门中的各岗位也不宜重复设置，只有这样，机构才能真正做到精简，才能谈得上效益的提高。

四、高等教育管理体制的制约因素

高等教育管理体制要与国家的经济体制、政治体制、科技体制相适应。这是由高等教育的外部关系规律所决定的。高等教育受社会制约，并为一定社会的经济、政治和文化发展服务。高等教育的性质与特点，决定了它与经济、政治、文化以及科技的关系比基础教育更加直接，更为密切，在与经济、政治、文化以及科技的关系中，经济是基础，经济基础决定上层建筑。

经济体制作为生产关系的具体实现形式，特别是计划和市场作为配置资源的不同手段或方式，其本身虽没有社会制度的属性。但它又总是同社会基本制度结合在一起。社会主义市场经济体制是同社会主义基本制度结合在一起的。因此，它必然要对作为社会上层建筑一部分的教育体制起着决定性的影响，要求高等教育体制必须做出与之相适应的变革。

（一）高等教育管理体制在很大程度上受经济体制制约

高等教育与社会经济关系密切，社会经济为高等教育提供办学资源，高等教育培养的专门人才和研究的科技成果的相当一部分要为经济发展服务。因此，经济体制必然对高等教育管理体制起决定性的影响。

过去实行的统得过死、包得过多的高等教育管理体制，就是与高度集中的计划经济体制相适应的。现在，我国实行社会主义市场经济体制，高等教育的办学资源及其所培养的专门人才和研究的科技成果，必然受到对资源配置发挥着基础作用的市场的影响。

（二）政治体制对高等教育管理体制也有重要的决定作用

高等教育是一种观念形态的文化，一定的文化是一定社会的政治和经济的反映。经济是基础，政治则是经济的集中表现。一个国家的政治体制对其教育体制起着非常重要的决定作用。政治是经济的集中表现，最根本的原因还在于经济。但经济体制并不能完全决定教育体制，还必须通过政治体制的中介作用来实现。

（三）科技体制对高等教育体制有重大影响

高等学校特别是重点高等学校，承担着大量的科学研究任务，是科学研究的重要力量。在科技体制改革中，中央的方针、科技拨款制度的改革、技术市场和信息市场的建立，以及在科技管理中引进竞争机制，实行科研任务公开招标、择优选择承担单位制度的实施，都会对高等学校产生重要的影响。

如上述，高等教育管理体制受经济体制、政治体制和科技体制的影响和制约，所以高等教育管理体制必须与国家的经济、政治和科技体制相适应。另外，高等教育管理体制还受其文化传统的深刻影响，高等教育具有多种社会功能。高等教育不仅要适应社会当前的需要，更要考虑国家的长远和整体的需要，特别是培养人的社会活动，要促进人的身心全面发展，有其自身的规律。因此，高等教育管理体制必须与高等教育发展自身的规律相适应。

第五节　我国高教管理体制改革

一、高等教育体制改革的基本形式与方针

（一）改革实践中形成五种基本形式

共建——主要是指省市与中央业务部门共同建设和管理高等学校，包括省与部、市与部、部与部及省与市之间的共建，以使学校更好地为区域经济和社会发展服务，调动中央和地方的积极性，共同把高校办好。

合作——指不同隶属关系的高等学校之间在教学、科研、科技开发、信息运用、后勤服务等方面进行合作，多学科交叉合作开展学术工作，尽量避免封闭办学和学科低水平重复建设，以达到资源共享、优势互补的目的。

合并——指高等学校之间的相互合并，包括科类相同的学校间的合并和科类互补的学校间的合并。

划转——指高等学校在隶属关系上的转变，以重点解决区域内高等教育设置重复和分散的问题。

协作——主要是指高等学校和企事业单位和科研机构之间多种形式的协作办学，以加强学校与社会的联系，增强学校的办学实力。

（二）"共建、调整、合作、合并"八字方针

1998年，在扬州召开的高等教育管理体制改革经验交流会，李岚清副总理在总结经验的基础上进一步浓缩出教育体制改革的八字方针——"共建、调整、合作、合并"。并以1998年国务院机构改革为契机，中央业务部门高等学校大部分通过共建转由地方管理，使高等教育管理体制改革取得了突破性的进展。至2000年，高等学校条块分割的局面已得到根本扭转，两级管理、以省为主的体制基本形成。

二、高教管理体制改革的表现

改革开放以后，随着企业自主权的落实，高等教育领域的管理体制也发生了重大的变化。主要表现在以下几个方面。

（一）高校的办学自主权开始逐步落实

各级各类学校，特别是高等学校在招生规模与计划、教学计划安排等方面较之于以前，都有一定的自主权。学校的积极性、主动性大大增强。再加上，随着收费制度的推行，各高校可在国家规定的范围内，根据学校自身的具体情况，制定收费标准。各高校除完成校内各项教学任务外，还可以结合自身优势，组织各种形式的培训教育，以此创收。

（二）教育投资主体日益多元化

改革开放后，国家加大力度吸引各方面的教育投资，以此来缓解教育供需矛盾。民办高等教育在80年代以后开始出现，到90年代进入了新的发展时期，各级各类非公立学校的产生，对原有的教育体制形成了巨大的冲击，把竞争机制引进了高等教育领域，为教育效益的提高提供了良好的制度环境。

（三）按行政体制设置的隶属关系开始松动

和计划经济相匹配，学校的设置基本上按照行政关系来设置的，中央各部委，省、市各厅局，甚至各国有企业都有自己的学校和培训机构，而且各政府部门也设有专管教育部门与各地的教育主管部门一起对教育实施双重领导。往往导致相互之间权责关系难以理顺，相互扯皮现象时有发生。经过改革，中央各部委所属的各高等院校通过划归教育部或下放给地方政府教育主管部门管理，地方各级学校管理模式也相应地向着这一模式迈进，学校和其管理部门的关系趋向规范化、制度化，更有利于各级各类学校自主权的落实。

（四）教育管理更趋于法制化

国家相继出台了《中华人民共和国教育法》《中华人民共和国高等教育法》《中华人民共和国教师法》《社会力量办学条例》等一系列教育管理的法规和条例，避免了以前主要靠文件、政策等一系列临时性做法从事教育管理的做法，教育管理也逐步纳入了法制化轨道，这一趋势也与市场经济这一大的历史发展潮流相吻合。但同时也应该看到，我国目前的高等教育管理体制改革仍有很长的路要走，有人甚至把教育领域称为"计划经济最后的堡垒"，仍存在一些深层次的矛盾尚未解决。

三、高教管理体制改革的重要意义

（一）培养现代化事业建设人才的需要

现代科技事业的发展迫切需要高素质人才，通过高等教育领域的体制改革，能够提高高等教育水平，为经济发展提供必要的知识和人才。现代科技发展的鲜明特点在于发展速度与发展过程中呈现出加快发展与急剧变革的强烈趋势同时又呈现出高度分化而又高度综合，并以高度综合为主体的大趋势。适应新时期需要的人才，一定要具有宽广的基础知识、极强的组织能力与过硬的协作能力，唯有适应如今经济发展的高等教育，才能培育出合格的人才。因此，必须改革以集权为主要特征的高教管理制度。

我国作为发展中国家，要与发达国家竞争生存的空间，就更加需要依靠人才。随着我国市场经济体制改革的深入和社会的发展，尤其是加入WTO后，人才流动频度和范围增加，人才争夺加剧；计划配置减少，市场配置增多。越来越多的外企进入中国，知识含量低的岗位将会首先被淘汰，那些知识含量技术含量高的人才将会成为用人单位争夺的重点。劳动力市场工资水平出现的两极分化趋势在入世后进一步加剧，同时，地区间就业限制性措施将被逐步取消。这些情况都要求在高等教育领域，建立一种能够对市场需求迅速做出反应的灵活高效的管理体制。高级人才的培养就成为我国经济发展的命脉之所系，客观上就迫切需要培养出大批拥有先进技术的优秀人才，就需要高等教育在规模、结构及质量、效益上有新的发展。由于我国是一个人口众多的发展中国家，教育资源十分稀缺，必然会造成严重的教育供需矛盾。如何解决这一矛盾，其出路就在于实施高等教育管理体制改革，以此推动我国高等教育从精英化教育彻底转变成大众化教育，从而为我国经济发展提供足够的人才储备。

我国是社会主义国家，倡导的是物质文明和精神文明一起抓，因此，我们培养的人才既要有优化的知识和能力结构，又要有较高的思想和心理素质；既要掌握先进的科学技术，又要吸收崇高的人文精神。进行高等教育管理体制改革，就是适应国际竞争、适应社会主义市场经济体制改革对人才的需要而采取的具有战略意义的重要措施。

（二）发展社会主义经济的需要

一定的经济体制会要求与其相适应的高等教育管理制度。自然，市场经济体制的建立也需要不同于以往计划经济体制的高教管理制度与之配合。社会主义市场经济应当发挥市场对于资源的基础性配置作用。高等教育是培育高等人才的专业机构，也应当走进市场，积极适应市场经济的发展。传统计划经济下的那种"等、靠、要"已无法适应市场经济的新要求，因而一定要面向市场进行自主办学。我国高等教育管理体制改革虽然已取得一定成果，但是还难以跟上经济体制改革的发展进程，与社会主义市场经济体制还不相适应。因此在社会主义市场经济条件之下，唯有建立起与其相适应的高等教育管理制度，才能使高等教育自身得到更好的发展，从而更好地服务于中国特色社会主义现代化建设事业。

（三）高等教育自身创新和发展的要求

如今，国际竞争的核心并不是传统意义上资金与人才的竞争，也不是技术上的竞争，而是制度性的竞争。著名经济学家西奥多·舒尔茨（Theodore Schultz）提出的"人力资本理论"就将教育资源作为一种人力资本投资列入生产性投资之中。教育是一种全局性与主导性的基础产业，这一观点已在全世界范围内取得了共识。这就要求实现高等教育领域管理体制变迁，从而使高等教育能够不断进行自我调节和自我发展，以实现高等教育产业化与办学主体多元化，并积极扩大高等教育规模，积极适应经济与社会发展的需求。

第二章　高教管理创新发展研究

目前，我国的高等教育已步入大众化阶段，随着高等教育的改革与发展，高等教育管理的改革与创新也迫在眉睫。为积极应对经济全球化所带来的机遇和挑战，中国高等教育管理制度也需要根据新的形势变化而不断地进行改革和创新。高等教育管理体制是高等教育改革的重难点，而高等教育管理体制改革的关键则是高等教育管理理念的改革和创新。积极推行高等教育管理的改革和创新，不仅有利于高等教育管理制度的全面发展，还有利于资源的优化配置以及人才培养质量的稳步提升。本章分为高教管理创新发展的必要性、高教管理工作分析、高教管理创新发展的主要途径、高教管理创新发展思维特征四部分。

第一节　高教管理创新发展的必要性

随着社会的发展，我国政府一直寻找更加适合高等教育管理方面的措施，致力于高等教育事业的素质教育发展，并且不断培养具有创造能力的高等应用人才。但是，我国经济的不断繁荣昌盛，使得高等教育事业面临更高的挑战，从而促使高等教育事业管理上的创新，只有寻求高等教育事业的创新发展，才能为我国社会主义现代化做出应有的贡献。

一、市场经济的发展与完善

经济基础决定上层建筑，高等教育作为上层建筑的重要组成部分，受一定社会的经济、政治、文化所制约，并为一定社会的经济、政治、文化服务。因此，市场经济对高等教育的影响具有客观的必然性。在我国社会主义经济由计划经济体制转向市场经济体制之后，高等教育要想独立于市场经济之外是不可能的，必然受到某些冲击与影响。市场经济与高等教育之间相互渗透、相互作用，市场经济制约着高等教育，高等教育服务于市场经济，二者表现为相互供需的关系。高等教育的发展规律必须适应市场经济的客观规律，高等教育的体制改革也必须应对市场经济体制的挑战。

教育属于我国国民经济方面的重要组成部分，在教育的各项环节中都存在投入以及产出等经济活动。对于投入而言，属于社会经济资源分配中较为重要的部分，也是社会经济活动当中的产出内容。对于产出而言，主要是社会经济活动过程中的基本投入元素，也就是人力资源。简而言之，教育体制的相关模式以及框架是在社会经济体制发展进程中形成的，在经济体制目标发生变化后，高等教育体制的目标就受到了影响。与此同时，社会主义经济市场发展过程中，很多种类的经济成分呈现出并存的发展态势，对学校办学主体的单一化局面产生一定的冲击，传统的单一办学主体已经不能满足当前时代的发展需求，尤其在市场经济主体向着多元化方向发展的情况下，开始排斥高度集中的相关教育决策行为，对决策主体的相关决策权有着较为明确的划分。另外，在市场竞争环境日趋激烈的发展背景下，开放性以及网络性已经成为市场发展的重要特点，对学校提出了更高的要求，学校需要面向社会需求独立自主办学，从宏观调控方面开展相关的管理以及协调工作，制定完善的管控方案，全面提升高等教育管理工作水平，以达到预期的工作目的。

（一）市场经济对高等教育的影响

市场经济的大潮冲破高等教育原有的运行机制，给高等教育带来有力的动力机制，驱动高等教育加快改革步伐。这是市场经济给高等教育带来长期效应的集中表现，也是市场经济对高等教育影响的本质所在。市场经济对高等教育的积极影响主要表现为以下几个方面。

1. 市场经济的健康发展为高等教育的良好发度创造良好的社会环境

市场经济的健康发展，社会生产力的提高，综合国力的提升、人民生活水平的提高，为高等教育的发展提供良好的外部环境。同时，市场经济中多种所有制形式的存在，将进一步促进形成多种形式发展高等教育的新局面，适应人们接受高等教育的需要，形成国家办高等教育与社会、个人办高等教育并举的格局。

2. 市场经济的发展为高等教育改革注入新的活力

随着市场经济的发展，我国经济建设的速度和社会各项事业的发展速度加快，社会各方面对高层次专门人才的需求急速增加。随着人们生活水平的提高，对接受高等教育的需求也相应提高，这为高等教育的改革与发展注入新的活力。

3.市场经济的发展促进高等教育观念发生了新的变化

市场经济的发展引起了高等教育领域内部的深刻变革，市场经济体制要求的开放意识、创新意识、竞争意识、信息观念、时间观念、效益观念等必然会渗透到高等教育的思想观念之中。高校管理体制到办学体制，从招生到就业制度，从教育结构到教学内容，从投资结构到自主办学以及教育的其他方面，都发生了新的变化。

4.市场经济的发展将为高等教育提供广阔的社会实践领域

市场经济体制有利于高校教育根据市场需求确立人才培养目标，调整专业设置、改革教学方法；有利于在高等学校内部建立起提倡竞争、讲究效率的机制，调动起广大教师的积极性，促使教师主动探索新的教学过程；有利于高等院校面向社会，缩短知识转化为生产力的周期，促进科研成果的转化。

从长远看，市场经济为高等教育的改革和发展带来活力。但市场经济的天然性的弊端——本位性、盲目性、自发性，也不可避免地对高等教育产生一定的负面影响。市场经济的自发性容易导致教育目的的模糊，其多变性容易导致教育规律难以遵循，其开放性使得师资队伍不稳定，其本位性容易导致教育价值取向的偏颇，其功利性致使教育主体行为扭曲，其短期性使得教育功能萎缩等。

当前高等教育中出现的重科研，轻教学；重应用开发研究，轻基础理论研究；重有服务，轻无服务；教师重第二职业，轻本职工作；学生重外语和计算机，轻系统知识的学习等，都折射出这种影响。

目前，我国正处于市场经济的不断完善阶段，其中不完善的成分必然反映到受制约的高等教育上，尤其在社会转型时期，高等教育不可避免地要受到某种侵蚀。同时，高等教育自身体系的不完善又为这种消极影响提供了土壤。

我国原有的高等教育模式是建立在计划经济体制下的。面对经济体制的转轨形势，高等教育在失去固有依托的条件下，既很难维持原有的运行机制，又很难建立起新的运行机制。在这种情况下，市场经济的某些弊端就会乘虚而入，高等教育自身也不可能超越经济规律的制约而寻求自己的"避风港"。再加上文化传统包括积习已久的思维方式，面对市场经济的冲击，要想做出新的选择是一个痛苦的过程。

市场经济已成为我国经济发展的主旋律，高等教育作为社会的一个有机体，不可能摆脱或躲避市场经济的冲击，市场经济对高等教育的影响是种客观存在，其中既有积极的正面影响，也有消极的负面影响。高等教育要积极主动地适应市场经济，借助建立市场经济体制产生的推动力，抓住机遇，促进高等教育的改革和发展，以应对市场经济对高等教育的挑战。

（二）市场经济对高等教育的调节

在市场经济条件下，高校身不由己地卷入了市场，不可避免地要受到市场的调节和支配。市场对高等教育的调节有许多优点，具体如下。

1. 有利于高校自主招生和合理设置专业

通过发挥市场的调节作用，高校对外界社会的需求反应和适应变得更加敏感、快捷。威廉斯（Williams）评论道："市场模式的主要优点是它可以不断地刺激学院和大学，使其适应不断变化的经济和社会状况。"高等教育的市场调节主要是通过高校对消费者需求变化、劳动力市场需求变化和社会对知识产品的需求状况的反应表现出来。当市场上某一专业的人才需求发生变化时，高校和消费者便会根据这种供求变化信号，按照自身的经济利益，及时调节自身活动，以在市场竞争中求得生存和发展。

就消费者而言，他选择进入什么学校、选择什么专业，反映了目前和未来劳动力市场对某一方面人才供求状况，也反映了目前高校市场的价格（收费水平）、竞争（入学选择）。就高校而言，它对市场的反应，主要通过消费者需求变化、劳动力市场变化来实现。消费者市场供不应求时，高校便以各种方式争夺生源；劳动力市场某些专业人才供过于求，或某些专业人才供不应求时，高校便立即调整专业和教学方式，增设培养社会紧需人才的专业，缩减或取消个别专业培养计划，以适应市场的变化。

2. 市场的积极调节作用有利于高校合理定位，办出特色，办出水平

约翰·范德格拉夫（John Van de Graaff）在谈论高等教育时认为："学生的需求起着重要作用。学生掌握着平衡杠杆。学生不仅可以选择进入哪所院校，而且可以随意退出，从一所院校转入另一所院校。由于存在着如此广泛的入学选择权和以后的退学权、转学权，因此各学院和大学的生存或者依赖于满足学生的需要，或者依赖于以自己大学的优秀质量来吸引学生。只有形成自己学校的特色才能吸引学生，雷同则不能。所以，许多院校都努力建立自己的特色，而不是被动地接受统一的模式。"在强大的市场作用面前，高等学校必须力图办出自己的特色，力争做到"人无我有、人有我优"，以不同的服务内容和方式，确保自身在市场竞争中立于不败之地。

3. 市场的调节作用有利于高校建立市场主体意识，发挥自身的主观能动性

在市场经济条件下，任何一个经营主体都面临着盈利、亏损、破产的可能性，都必须承担相应的利益风险。风险机制以利益的动力和破产的压力作用于商品经营单位，使得每个经营者时时刻刻关心生产经营情况，从而督促和鞭策他们奋发努力，变革更新，不断进取。高校虽然不同于企业具有经营性，但同样受市场竞争机制的影响。因循守旧、故步自封、一成不变，会导致其在激烈的竞争中被淘汰。高校只有改革创新、因时思变，才能取胜于市场。

可见，市场对高等教育的教育观念、办学体制、管理方式、教学方式、招生与就业制度以及人才培养模式等各方面产生了重要影响，给高等教育的改革和发展带来生机与活力，促使高等教育必须改革体制，调整结构，提高质量和效益，并且从社会和经济发展的需要着眼，从实际出发，着力办出高校自己的特色。因此，高等学校要遵循市场经济规律，引进市场机制，面对市场进行自我调节，以适应市场经济对高等教育提出的新要求。

（三）市场经济对高等教育管理体制改革的要求

社会主义市场经济的完善和发展，对高校管理体制的改革提出了新的要求。

1. 高等教育要面向市场需求培养人才

市场经济的发展需要对人才素质的要求更加全面，既需要有文化、懂技术、业务熟练的劳动者，也需要具有现代科学技术和经营管理知识的管理人员；既需要能够适应现代科学文化发展和新技术革命要求的高级专业技术人员，也需要品德好、能力强、业务精的综合性人才。

教育管理体制改革就是要从体制上促使人们转变教育观念，树立正确的人才观和教育观，适应市场经济对人才的要求，培养满足市场需求的人才。这就要求高等教育管理体制改革要与经济体制相适应，树立教育为经济建设服务的观念，克服狭隘的为教育而教育的旧观念，同时还要树立大教育观念，即树立全时空的教育观。在空间上，要把学校教育与家庭教育、社会教育结合为一体，打破封闭式的围墙里的教育，把教育和社会联系起来，放眼社会，放眼世界。

在时间上，要把就业前教育和就业后教育结合起来，把学校教育纳入终身教育体系中去考虑。学校的就业前教育不仅要考虑学生将来从事什么职业，而

且要使他们具有终身学习的能力，以便能够根据科技发展、生产变革以及市场的变化随时参加学习。

2. 高等教育要调整培养目标，改革教育内容和方法

市场经济的主要特点是开放性、竞争性、创新性、法治性。为适应这些特点，就要求教育培养的人才具有宽广的知识视野，善于捕捉信息；有果断的决策能力，敢想敢干，勇于创新；有经济头脑，注重经济效益，讲究工作效率；有较强的法治观念，善于处理人际关系等。为此，在培养目标上要克服单纯追求应试升学的观念，注重学生基本素质的提高。

在市场经济的条件下，仍然要坚持社会主义教育方针，培养学生在德智体诸方面都得到发展。特别要加强思想道德教育，提倡敬业精神。要教育学生坚持真理和正义，反对虚伪和邪恶。

（1）教育内容改革

教育内容改革，要加强科技教育，增加发展社会主义市场经济所需要的内容。特别是，高等学校和职业技术学校要根据市场经济发展的需要，根据当地的条件调整专业设置和课程内容。

（2）教育方法改革

要改变只为应付升学考试的呆板做法，注意减轻学生的课业负担，使学生生动、活泼、主动地发展。

3. 建立适应社会主义市场经济的教育体制

我国现行的教育体制高度集中，高度统一，这种体制使办学缺乏生机和活力，难以办出特色。在这方面，高等教育的问题最为突出，表现在教育投入和发展与经济投入和发展不适应，专业设置和教育质量与市场经济不适应，招生、分配制度与社会需求不适应。根本的问题是教育体制与社会主义市场经济体制不相适应，因此必须加以改革。

教育体制改革的目标是加强院系的决策权和办学的自主权，使院系和一线工作的教师能够参与决策，根据市场的需求调整教育结构，调整专业设置、课程计划和培养方式；能够根据自己的条件和院系的优势办出自己的特色；能够参与科技市场竞争，把院系的教学与科研、生产联系起来，利用学校科技优势，创造新的科研成果，并迅速转化为现实生产力，从而促进社会主义经济的发展。

4. 面向市场经济，建立有中国特色的现代大学制度

随着经济体制改革的深入，传统的大学制度越来越不适应经济体制改革的

要求，建立与社会主义市场经济体制相适应的具有中国特色的现代大学制度，成为我国高等学校管理体制改革的目标。

现代大学制度应与社会主义市场经济体制相适应，符合高等教育的规律，使管理体制与运行机制相统一。现代大学制度的本质是面向社会，自主办学，民主管理；基本特征是学术自治、政校分开、权责分明、管理科学；建立现代大学制度的核心，就是为有效地配置教育教学资源。实现这一目的最有效的方式，就是在现代大学制度的建设中，引进市场体制和运行机制，增强大学制度对市场的适应能力。

市场经济已成为我国经济发展的主旋律，高等教育作为社会的一个有机体，不可能摆脱或躲避市场经济的冲击。建立与社会主义市场经济体制相适应的高等教育管理体制，是市场经济发展对高等教育的必然要求。

二、教育改革的需要

在我国的现代化进程中，我国的教育事业取得了举世瞩目的成就。高等教育的管理体制和教学体系不断建立并且日趋完善。近年来，我国的高等教育改革不断深化，这就要求高等院校在高教管理上更加严格。随着我国现代化背景下经济的蓬勃发展，高等教育管理的创新发展既是时代的潮流发展趋势，也是在高等学校教育管理的基础上继续发展的先决条件。实施高等教育管理创新，在当代的教育进程中具有重要意义。

高等教育管理的创新是我国在教育改革方面的必要任务之一，自改革开放恢复高考招生工作以来，中国的现代教育制度经过了多年的实践，随着我国教育事业的不断进步，人口数量的快速增长，高校为了适应时代的发展，招生人数在不断扩大，接受高等教育的大学生也在持续增长。学生人数增多了，相应地高校的管理也必将受到一定程度的影响。学校需要加大对校内硬件设施的建设以及对教学设备的采购。而现如今的情况是，我国的高等教育教学管理面临着实际性的难题，比较突出的问题体现在资金投入不足、管理资源匮乏，以及管理体制不完善等，这些问题都对高等教育的管理工作带来了一定程度的影响。

自我国在加入世界贸易组织后，与各国的竞争也更加激烈，投入给高等教育的资金也越来越困难，当下中国仍在过去的教育管理基础上进行优化，其结果很大部分都取决于高校干部的个人素养，这对教育改革创新的发展有着很大的影响。只有让高等院校的领导者重视高等教育，严抓高等教育管理，在各个方面都不能懈怠，使用先进有效的方法，才能为我国培养更多的人才。想要实施高等教育创新管理的创新，要有崭新的看法、体系、制度和措施，进而激起当代年轻人的创新激情，为那些勇于创新的人提供可以发挥才能的机会，并为高等教育管理打下基础，从而促进我国高等教育管理的发展。当下我国高等教育管理创新最重要的是要有完善的高等教育管理创新体制，以便于探索出更加完善的高等教育管理系统，使我国的高等教育品质得到大幅提升，让我国高等学校学生都能够成为一名拥有强大的心理承受能力、独自生活的能力、良好的人际交往能力、勇于创新的能力、有事业心和责任心的当代中国守法公民，高等教育管理的创新使我国民众的素养得到更深层次的提升。

三、高等教育管理工作的开展

在我国现代化发展进程中，各行业的竞争日益激烈。在持续不断的竞争过程中，一系列的相关问题逐渐显现。在学校的高教管理中，以往陈旧的管理模式以及管理方式上的漏洞，都对中国的现代化教育模式的发展以及高等教育的未来发展造成了巨大的影响。要想实现高教管理的创新思维，持续将学校的管理体制以及管理方法来进行创新研究，就须运用先进的管理理念，并且学习到其中的管理手段以及管理方法，进而可以更好地开展高等教育管理工作，从而实现促进高等学校培养人才并为社会输送高管人才的目标，确保高校管理工作能够顺利进行。

四、对当代大学生、各所高校，以及社会都具有积极的推动意义

在现代的高等教育发展过程中，有关于高等教育管理的创新方面，可以从多个方面进行体现。从宏观层面上，体现在高教管理的政策、体制，以及方法的创新上；在微观层面上，体现在管理手段、管理体制以及管理方法的创新上。高校教育教学管理的创新，不仅可以大大激发学生的学习兴趣，还可以提高学生学习的积极性，为学校培养创新型人才提供帮助。同时，高等教育管理的创新，还可以提高学校的教学质量，提高当代大学生的综合素质，提高高校教育管理工作的质量和教育教学工作的效率。因此，在现代的高等教育发展过程中，对高等教育管理实施创新研究，对当代大学生、各所高校，以及社会都具有深远的影响和积极的推动意义。

五、促进高等教育工作的合理实施以及长远发展

自从"人力资本"理论提出后，作为人力资本中的重要资源，教育资源已

经被列入生产性的投资当中，1992年，我国党中央国务院已经提出了教育属于全局性并且先导性的基础产业，在此过程中，高等教育主要生产的就是准公共产品，具有较高的外部效应，不仅会使学生受益，还能为国家以及全社会提供一定的帮助，这些特点又可以体现高等院校的公益性特点，因此，不能将营利作为主要目标。然而，在高等教育的过程中，高校可以为社会以及国家经济发展培养出高级人才，不完全由国家财政包办，对此，在社会主义市场经济体制的作用之下，将高等教育作为特殊的产业进行开发，在院校以及相关领域中采用市场、企业经营等管理机制，通过创新高等教育管理形式与方式方法，可以全面促进高等教育工作的合理实施以及长远发展。

第二节　新公共管理运动与高等教育管理创新

始于20世纪70年代的新公共管理运动，为各种社会管理提供了新的范例、观念和思维模式，提供了观察、理解和处理特定问题的新框架。同样，高教管理作为公共管理领域的组成部分，也必然受到新公共管理运动的冲击。这主要表现在提倡高校管理权力的多中心，强调分权与授权，引入竞争机制，关注质量效益，面向社会办学等方面。

（一）新公共管理运动的兴起

20世纪70年代开始，西方各国的公共管理遭遇了前所未有的困境。凯恩斯主义不再成为政府管理的撒手锏，反而给社会生活各方面带来了一系列的负担。高失业、高通胀、低增长的"滞胀"现象出现；政府扩张、机构臃肿、效益低下、政策失效，乃至政府职能失灵，公众对政府逐渐丧失信心。传统的公共行政管理模式在理论和实践的质疑声中陷入"四面楚歌"的境地。越来越多的人认识到，传统的行政模式已无法反映现代公共服务所需承担的广泛的、管理的以及政策制定的角色，它更多地体现为一种消极的控制形式，不是致力于提高效率和提供有效的激励，而是着力于怎样避免犯错误。

正是在这样的理论和现实背景下，70年代末80年代初，为迎接经济全球化、信息化和知识经济时代的来临，以及摆脱赤字财政困境，提高国家的国际竞争力和政府的运作效率，一场以追求"3E"（Economy Efficiency and Effectiveness，即经济、效率和效益）为目标的行政改革运动，在英国、美国、澳大利亚和新西兰等国兴起，并逐步扩展到其他西方国家乃至全世界。在西方，这场行政改革运动被看作"重塑政府""再造公共部门"的新公共管理（New Public Management）运动。

新公共管理运动以1979年撒切尔夫人的上台为标志，在整个80年代英国采取一系列措施来反对浪费和低效率。他们将私营部门的管理经验和管理技术引入公共管理中，如引入竞争机制和以顾客为导向，以提高政府管理的效率。继英国之后，在澳大利亚和新西兰，随着两国工党分别于1983年和1984年上台执政，也开始了大刀阔斧的公共行政改革。其中，新西兰的改革因其力度大、富于系统性而受到举世瞩目，并被学术界称为"新西兰模式"。

与英国相比，美国的"新公共管理"更带有管理主义或"新泰勒主义"倾向。从1978年卡特政府的"文官制度改革法案"的实施，到里根政府时期的削减政府机构、收缩公共服务范围，再到1993年克林顿上台后，开始了大规模的"重塑政府运动"，所有这些改革的基本内容都是将私营部门的管理方法引入公共部门，以提高行政效率，精简机构，裁减人员，引入竞争机制，以推行绩效管理。目标便是建立一个少花钱多办事的政府，提高政府部门工作效率。与此同时，加拿大、荷兰、法国、德国、瑞典等经合组织的其他成员国也都采取了类似的改革措施。进入90年代之后，一些新兴的工业化国家和发展中国家，如韩国、菲律宾等国也开始加入这一全球性的公共行政改革的大潮。

几十年来，新公共管理运动像一股旋风，从现代政治理论的发源地英国，渐渐刮遍了大半个地球，成为西方公共行政领域的时代潮流，对公共管理的理论和实践，都产生了重大影响。

1. 理论上

新公共管理运动打破传统公共行政理论的政治、行政二分法模式，引进公共选择理论和新制度主义等方法，为世界上许多国家提供了当代公共部门管理的新模式，为人们带来了崭新的理念和创新的实践，它把新制度主义经济学、公共选择理论，乃至管理科学和政策研究，还有社会学、政治学等学科的一些重要概念、理论、原理和技术、方法等引入公共管理中，为人类管理文明的历史涂了一笔重彩。

2. 政府公共管理实践成效显著

新公共管理运动不同程度地解决了发达国家面临的财政危机和信任危机，

提升了政府运作能力，回应了在全球化中保持国际竞争力的内在要求。同时，新公共管理运动在政府部门内部的管理体制的改革上，也做出了积极有效的探索。例如，它克服了原官僚体制下对公共物品的垄断或管制供给的做法，而是采取分权和权力下放，实行组织机构变革和人事制度改革，改善了公共管理机构的形象以及对人员的管理等。

新公共管理运动兴起至今，尽管各国在改革的发展阶段和具体措施上尚存在着一些差异，但他们在改革的价值取向上却都不同程度地体现出对传统公共行政模式的质疑和对市场力量的信奉，他们提出了如下主张：

一是减少政府职能，尽可能将现有的公共服务和公共部门改由市场指导的私营机构提供；

二是将原来由政府监管的一些公用事业"非管制化"，开放市场；

三是对于那些迫不得已仍需政府提供服务和货品的，也通过"准市场机制"，如"使用者付费"等原则，来调整供求关系，达到对资源的有效配置。

公共管理领域这一全新价值取向的确立表明："新公共管理运动"的兴起绝不仅是一种政府管理形式上的变革或管理风格上的细微变化，而是在政府的社会角色及政府与公民关系方面所进行的一场全面而深刻的变革。传统的公共行政模式已经从理论和实践上受到了全面挑战，新公共管理理论在实践中的应用，标志着公共管理领域中已经出现了一种全新的典范。"新公共管理运动"及其引发的公共管理模式的变革，已经成为一股不可逆转的时代潮流。

（二）新公共管理运动的主要思想

不同国家、学者对新公共管理有不同的称谓，如"管理主义""以市场为基础的公共行政""后官僚主义范式""新公共管理"或者"企业家政府"等，但在本质上相同或相似，都主张引入市场竞争机制，采用私人部门管理理论、方法及技术，以市场或顾客为导向，重新调整国家、社会、市场三者的关系，提高公共管理水平及公共服务质量。其思想要点，可归纳如下。

1. 以市场为取向，重塑政府与公众的关系

这是新公共管理理论最重要的核心理念。市场遵循价值规律。以市场看待政府运作，则公众如顾客，政府为厂商。政府行政，应奉行顾客至上准则。政府不再是发号施令的权威官僚机构，而是以人为本的服务提供者，政府公共行政不再是"管治行政"而是服务行政。作为"企业家"的政府，并非以营利为目的，而是把经济资源从生产效率较低的地方转移到效率较高的地方。公民是享受公共服务的"顾客"，可以"用脚投票"自由选择服务机构。

这样，新公共管理就建立了以"顾客"的满意度为中心内容的绩效考核机制，成为一种目标导向。定期广泛征求公民意见，评价公共服务。在评价时，注重换位思考，以顾客参与为主体，通过顾客介入，保证公共服务的提供机制符合顾客的偏好，以此产出高效的公共服务。

2.确立政府有限责任，由"划桨"转为"掌舵"

新公共管理认为，在传统公共行政模式中，政府职能有不断扩张的冲动，直接导致职能膨胀、机构扩大直至臃肿。因此，政府首先应该解决自身职责定位问题，即该管什么、不该管什么，分清管理和具体操作。政府在公共行政中，只是制定政策而不是执行政策。著名学者戴维·奥斯本（David Osborne）等将此概括为，政府的角色应是"掌舵"而不是"划桨"，传统政府低效的一个重要原因就是忙于"划桨"而忘了"掌舵"，做了许多做不了、做不好、舍本求末的事情。彼得·德鲁克（Peter Drucker）强调："任何想要把治理和实干大规模地联系在一起的做法，只会严重削弱决策的能力。任何想要决策机构去亲自实干的做法，也意味着干蠢事。"

政府"掌舵"后，"划桨"的任务应交给私人部门和非营利组织、社区组织、公民自治组织等第三部门。政府通过重新塑造市场，在政策和资金方面，施加各种可行和有利的影响。这样，政府就成为多元管理主体的组织者、协调者，是多元管理主体的核心。

3.全面引入竞争机制，切实提高工作效率

新公共管理主张在政府管理中广泛引入市场竞争机制，让更多的私营部门、非营利组织参与提供公共服务，以节约成本，提高服务供给的质量和效率。迈克尔·巴泽雷（Michael Barzelay）说，摒弃官僚制的时代已经到来，公共管理由重视"效率"转而重视服务质量和顾客满意度，由自上而下的控制转向争取成员的认同和争取对组织使命和工作绩效的认同。政府的公共服务，可采用合同外包的办法，通过市场检验，判断出新政策的合理性。竞争的目的是追求效率，这是公共行政的出发点和落脚点。为此，新公共管理提出三种方法。

（1）实施绩效目标控制

强调实行严明的绩效目标控制，以取代严格的行政规制，即确定组织、个人的具体目标，并根据绩效目标对完成情况进行测量和评估。

（2）更加重视结果

传统的行政管理只注重投入，不重视结果不同，新公共管理根据交易成本理论，重视管理活动的产出和结果，关注公共部门直接提供服务的效率和质量，主张对外界情况变化以及不同的利益需求做出主动、灵活、低成本、富有成效的反应。

（3）引入私营部门成功的管理经验

如人力资源管理、强调成本—效率分析，全面质量管理、强调降低成本，提高效率等，这些都是企业管理中行之有效的手段，公共管理也应当引入这些成功经验。

新公共管理特别指出，政府人员与市场中的理性经济人一样，具有自我利益最大化、逃避责任、机会主义、自我服务、欺诈及导致道德风险的内在倾向。其与私营管理人员在管理绩效上的优劣之别，原因不在于自利的人性，而在于管理环境的不同。烦冗的程序规则恶化管理环境，压抑管理者情绪，导致低劣的绩效。因此，管理需要"自由化"，做到"让管理者来管理"。

4. 改革公务员制度，创建新型政府

新公共管理运动主张改革公务员制度，强调破除文官法中"常任文官无大错不得辞退免职"的规定，建立临时雇佣制、合同用人制等；正视行政所具有的浓厚的政治色彩，废弃公务员价值中立原则，主张对部分高级公务员应实行政治任命，让他们参与政策的制定过程，并承担相应的责任；正视行政机构和公务员的政治功能，不仅能使公务员尽职尽责地执行政策，还能使他们以主动的精神设计公共政策，发挥政策的社会功能。这与传统公共行政理论主张政治与行政相分离，将政治从管理事务中剥离出去完全不同。

在新公共管理者看来，政治因素具有不可剥离的特征，公共管理者总是在特定的政治环境中从事管理活动。要在此基础上，创建有责任心的新型政府。要转变政府的价值观，使政府从公共管理者转变为企业家，尽可能学会通过花钱来省钱，为获得回报而投资。新公共管理认为，传统公共行政只注重提供服务而不注重预防，当问题变成危机时，再花大量的金钱、精力去进行治疗，这是不妥的。有预见的政府会在根本上下功夫：一是使用少量钱预防而不是花大量钱治疗；二是做出重要决定时，尽一切可能考虑到未来。

（三）新公共管理思想在高教管理体制改革的表现

正如前文所说，新公共管理思想为各种社会管理提供了新的范例、观念和思维模式，提供了观察、理解和处理特定问题的新框架。同样，高教管理作为公共管理领域，其改革也必然受到新公共管理运动的冲击。因此，高等教育领域，也被纳入改革的视野。新公共管理运动的思想也逐渐渗透到高等教育的改革中，"新公共管理"模式开始向高等教育领域挺进。

新管理主义思潮逐渐从行政管理领域扩展到包括高校在内的其他管理领域，并日益占据中心地位，高校管理受到新公共管理的深刻影响已经是不争的事实。高等教育的这种变迁可归纳为：高等教育日益全球化、高等教育制度的准市场特性不断发展、世界性的高等教育大众化潮流、高等教育经费增长赶不上学生人数的增加、国家对高等教育质量的关注、高校课程日渐呈现职业导向、"国家—高校—企业"之间关系发生改变。

概括起来，新公共管理思想在国内外高教管理体制改革中的主要表现有如下几种。

1. 提倡高校管理权力的多中心，强调分权与授权

新公共管理以分权式管理取代了高度集中的传统层级组织结构，通过分权和授权来减少层级，从而对外界变化迅速做出反应，而有效地解决问题。这种分权与授权，其实是公共教育权力在政府、市场、社会、学校之间的权力配置，实现了权力在不同主体之间的转移，形成了权力的多中心化。特别是将权力特许给社会，更多地依赖民间机构和公民个人来对教育的各方面参与，加强不同地区、社区和地方、学校以及家长、学生之间的联系，建立起各个部门之间的伙伴关系。教育民营化充分反映出政府教育观念的转变，即注重"民间"力量在教育中的作用，并加强与他们的合作和互动。

新公共管理倡导教育权力的多中心，具体到一所学校来说，学校领导在分权与授权必须做到适度，在动态中求得两者的平衡。

学校领导在决策指挥上应采用集权形式，才能保证学校在信息快速交换的环境下，保证各项工作正常运行。而在执行阶段可以适当分权，使下级管理人员有职、有责、有权。

但学校领导者必须分清哪些权力可以下放，哪些权力应该保留。如果把应保留的权力都下放，那就是过度授权，等于放弃职守，使管理失控，将会给学校造成损失。适度控制是授权的原则之一。授权以后，学校对下属的工作要进行合理、适度的监督，要防止两类偏向：①把授权变成了放任自流；②对授权不放心，因而不断地检查工作，处处插手，使下属缩手缩脚，不得不完全按照领导意思办事。

首先，学校领导者把权力授给下属后，下属如果在工作中出了问题，下属要负责，但同时，领导者也要负领导责任。其次要权责确定，授权之前，目标和责任范围必须有详细交代，不仅是如何履行责任，更重要的是达到预期的结果和目标。否则，被授权者将无所适从，搞不好还会争功诿过，而领导者也没有考核的客观依据。这样，就造成组织管理的混乱，授权的效果也会适得其反。

2. 在教育领域引入市场机制

新公共管理将市场机制引入教育领域，以市场模式取代传统的官僚体制，对传统官僚体制进行革新。使官僚制组织已不再是政府提供教育产品或服务的唯一方式，政府通过补贴、管制和合同形式进行间接运作，而不是直接提供者。市场机制在教育领域的引入，以官僚体制的失效作为前提，依靠市场提供服务是人们所寻求的替代官僚制的主要手段。例如，自20世纪90年代以来，美国教育改革的目的是提高中小学教育质量，主要措施是将市场的自由竞争机制引入到中小学教育体制，在很大程度上放宽对教育的统一管理和控制。通过教育分权、择校和公立学校私营化等方式来推行"教育的市场化重建"，即把财政、人员调配和政策制定等权力下放到各个地方教育机构，强调提供者和消费者在教育领域中双方的义务和责任。尤其是教育消费者的选择，让个人的选择在教育市场中具有更大机会，同时把公立教育机构转变为自主管理的中小型企业化运作的教育实体，参与市场竞争，促进教育资源配置最优化，促进学校教育为消费者提供最好服务。

现在，人们日渐使用"准市场"，来概括发生在教育和福利部门中的市场机制引入和决策的非官方化等的教育分权。"准市场"是政府控制与市场运作间的"中间道路"。所谓"准市场"，乃是非完全市场，其中包括政府调控的成分。因此，政府控制和市场机制并非一定是零和博弈的关系，即一方受益，另一方受损。公共事业"准市场"改革的显著特色在于，需求方和供给方的分离以及需求方可以在不同供给方之间做出选择。缺乏传统的现金交易关系和加强政府干预是"准市场"与理想的"自由"市场的主要区别。"准市场"的引入通常需要学校自主与家长择校的结合，以及相当程度的绩效责任和政府调控。

3. 高度关注教育的质量、效益和放率

对传统官僚制只重过程而不管结果的特点，新公共管理以精简、重建和不断改进为手段，以实现"3E"（经济、效率、效能）为目标。

在以分权为主线对公共教育体制进行重构的过程中，政府通过放松中央控制机构的管制而开始对学校组织进行授权；通过下放决策和解决问题等权力而对教师进行授权；通过将学校控制权交给以社区为基础的管理机构，而对社区成员和社区组织进行授权，进而把控制公立学校的形式从复杂的规章制度和等级命令转换成共同的使命和承担绩效责任的制度。

成功的分权和对多余层级的废除，能够把与组织目标相关的责任和达成目标的手段区别开来，手段和目标的明晰是分权理念的核心，通过"合同"来区分手段和结果，从而明确双方各自的权利与责任。

合同制是学校摆脱政府控制的一种比较好的方式和手段，因而被看作是"为公立学校提供了一种全新的治理模式"。如美国的特许学校、契约学校和公立学校的私营管理；英国的教育行动区与直接拨款的公立学校；俄罗斯的非国立学校；加拿大的特许学校；新加坡的自主学校以及我国的转制学校等，都是通过签订相关的绩效合同，以明确规定学校的目标、预期结果和绩效结果，同时给予其资源的管理控制权。通过为学校组织进行流程再造和为绩效设定结果，可以实现对学校的全面质量管理，以提高学校组织的效益和效率。

4. 重视社会和家长对教育的需求，面向社会办学

新公共管理倡导政府在决策时要倾听群众的声音，广开言路，并在适当情形下，进一步下放权力和资源，使传统的官僚垄断政府变为"社区拥有的政府"和"顾客驱使的政府"，政府应对社区和顾客负责。在市场经济条件下，消费者就是顾客，顾客就是上帝，以"顾客导向"理念的市场必须按照顾客的需要来进行经营。

具体说来，"顾客导向"是指学校依存于其顾客（学生、家长、政府和社会），学校管理应以这些顾客的需求为关注焦点，致力于满足他们的需求，并努力超越他们的期望。顾客的要求各种各样，有的是明确的，有的则是隐含的。明确的需要是指在标准、规范以及其他文件中已经做出规定的要求，如国家规定的教学目的、教学内容、教学标准和教学大纲等。隐含的需要包括顾客的期望或不言而喻的需要，如家长希望学校、教师公正地对待自己的子女；社会希望学校能够管好学生，减轻社会负担；学生希望自己能够通过规定的考试，成功升学等。必须注意到，满足顾客要求只是学校管理的一个基本要求，只有达到甚至超过顾客的期望，给顾客一种意外的惊喜，才能使顾客满意。具体主要体现在以下三个方面。

（1）为顾客提供充分、优质、公平的教育机会，满足顾客不同的教育需求

对于学生而言，"顾客导向"理念在于管理者应以学生为主体，学校的任何行政事务都应以提升学生素质以及满足其生活上的最大需要为目标，管理上应人性化，尊重学生的个性和尊严，在教学上以学生能接受的方式，教给他们需要的内容。

（2）建设服务型学校

要把家长、学生、教师等当作学校的顾客，保障他们对学校行为的知情权和监督权，保障他们的民主参与教育决策。学校要构建可接近性和灵活性的反应系统，及时提供各种信息，回应各种需求，提供便捷的人性化服务。

（3）尊重家长和学生的教育权利

赋予家长一定的教育选择权，促使学校对受教育者的需求做出积极回应，真正将"以人为本"的理念贯彻到学校改革中去。如在美国，拓展父母的选择权，日益被视为撬动教育体制改革的杠杆。以提高家长自主选择权为特征的教育凭证制度重新引起人们关注，一些州开始尝试推行教育券政策。通过教育券，家长被赋予一定教育选择权，能自由选择最能满足他们需求的学校。学校被迫对市场及受教育者的需求做出快速反应，在教育券的流动中实现学校的优胜劣汰，充分体现了"消费者主权"，从而提高了学生家长的满意度。

第三节　高教管理创新发展的主要途径

一、高等教育管理的理论创新

（一）高等教育管理理念由国家主义向学校本位主义转变

高等教育水平是国家综合实力的重要体现，也是国家核心竞争力的力量源泉，所以每个国家都高度重视高等教育，对高等教育进行有效管理，促进其健康发展。我国高等教育在高等集权模式下得到了快速发展，实现了向高等教育大国跨越的历史使命，但要实现高等教育大国向高等教育强国转变的历史重任，应逐渐加大高等院校的办学自主性，尊重高校自身的文化传统和历史沉淀，尊重高等院校的学术独立性，强化各高校的基层文化学术建设。

（二）高等院校管理由科层制向民主参与式转变

在高速发展的现代经济社会，高校不再是与社会隔绝的"象牙塔"，而越来越成为社会一部分，参与社会的每一次变革，时代呼唤着高校主体性、文化性的回归。高校的快速发展，使科层化的行政管理成为高校的主要管理方式，而科层化的管理方式容易导致集权产生，行政权力成为学校管理核心，高校越来越像公司，忽略了学术权力，学术地位降低。高校管理改革应加强学术组织和学术权力的价值和作用，充分调动高校教师和学术的积极性与创造性，发挥学术委员会和教师委员会的学术决策作用；成立学术权力机构，保证学术事务在学校中的核心地位；进行微观管理，推进高校内部管理改革，实现理性、健康、快速发展。

（三）创新教育管理观念意识

在全球一体化的时代背景之，我国对高等院校的教育管理工作提出了新要求，除了需要广阔的视野之外，还应当提高开放性程度，使高等院校的教育管理工作向着国际化的方向发展与进步。在此过程中，高等院校应当调整以往的工作思路，对目前的教育环境进行全面的分析，利用教育创新以及开放性管理方式开展工作。首先，高等院校属于社会"教育产品"的主要供应方，需要与需求方之间相互联系，结合需求方的实际需求，了解工序变化特点，更好地开展教育管理工作。其次，现代化的经济社会对高等院校所提出的需求具有动态变化特点，多数企业都要结合生产组织以及经营的变化状况选拔人才，此时高校应遵循开放性原则，全面掌握企业人才需求的变化情况，对教学方式与内容进行及时的调整与革新，以满足社会的人才培养需求，达到预期的教育管理目的。与此同时，市场经济环境呈现出利益主体多元化的发展趋势，高校已经从以往的投资主体单一化模式转变成为多元化体制，国家不再是高校办学的投资主体，高校可以利用多种渠道筹集资金，与多种利益主体联系，更好地开展服务工作。在此过程中，需要对管理理念进行改革创新，要求高等教育管理人员除了要成为政治方面以及教育方面的专家，还需成为企业方面的研究专家，从企业发展角度以及教育发展角度出发，对教育管理工作进行创新以及改革，把握高等教育管理的发展规律，从企业发展的角度统揽全局，促进高等教育的开放性管理与创新性发展。

二、高教管理体制创新

高教管理不仅关系到高校的生存和发展，还会影响办学质量，所以在学校的发展过程中运用高教管理是非常必要的。高教管理的创新发展需要下大力气，必须建立健全高等教育管理体制，确保高教管理的体制创新，使其不单单存在于形式和表面，而是能够付诸实践，促进高等教育教学和管理质量的提高。

（一）树立科学的管理理念

对于高教管理来讲，应先明确管理理念，并以此为切入点，逐步完善管理体系。第一，在对高校教务系统进行优化时，由于学生基数较大，学生在校园活动中产生的数据信息较多，将增加教务管理人员的工作难度，同时高校信息化系统在长时间的高负荷运行下，将加大系统故障出现的概率。为此，高校应针对此类问题进行解决，通过系统优化、权限指定开放来分化数据信息的处理量，以此提升高教管理质量。第二，应加强高校职教人员、管理人员的专业能力，通过进行系统性培训，来提升校内工作人员的能力，并为工作人员树立正确的服务意识，以推动高校管理职能向服务职能的转变。第三，针对当前高校同质化的发展困境，高校应充分发挥自身的优势，通过资源整合来对传统的管理模式进行创新，以此来建构完整的管理体系，然后再通过管理人员的职能定性化，令管理工作实现纵向发展。第四，在将高教管理模式与信息化技术相融合时，应加强高教管理人员的实践能力，并应对系统进行体系化防护，以此来建构管理职能、应用形式、理念融合三位一体的管理体系，以此来提升高教管理质量。

（二）建构多维度管理环境

当前社会主体形式的发展，为我国高校教育事业带来新的机遇与挑战。为确保高教管理形式可与社会发展体系相融合，高校应对自身管理模式进行不断优化与更新，以满足教育事业与学生发展的实际需求。高校在建构多维度管理环境时，应与传统的管理形式区分开，将信息化技术融合到管理体系中，以此来推动管理模式的智能化、信息化发展，使管理体系的内部环境、外部环境同步发展。高教管理信息化模式的建设与应用，可有效推动教学体系的变革，并为高校的现代化发展提供平台，同时在信息资源整合的条件下，可完善管理体系。高校在建构管理体系时，还应引入奖惩机制，来对管理人员的工作行为进行督促与激励。例如，将职称评定与管理能力、贡献度相挂钩，在规章制度体系下，管理人员也将对自身的工作行为进行改进，进而为高教管理质量的提升铸造良好的基础。

（三）建立健全规章制度

高等教育管理的模式要想有所改变，需要建立一个有效、完备的管理制度。在制定规章制度时，不能脱离群众，要多听取大家的意见，让制度有更好的执行性。因为合理的规章制度是管理者执行的依据，也是提高管理水平的有效措施，只有制定一个合理的规章制度，管理者才能有据可依，从而在校园中营造一个人人都是管理者的氛围。因此，制定合理健全的规章制度，依法办学，是管理模式创新的关键所在。

（四）高校管理主体回归学校

高校管理体制改革要转换政府管理方式，由统筹式集约管理向宏观管理和服务转变，通过转变中央政府管理职能，将高校管理主体回归学校，中央政府做好宏观管理，地方政府做好统筹管理，并通过建立规范有序的教育市场管理和社会服务体系，为高校发展营造安定、团结的社会氛围。

（五）建立健全完善、规范的教育中介组织管理制度

通过规范有效的教育中介组织，进行高等教育评估、信息共享、筹集资金，发挥其在政府和学校间的桥梁与纽带作用。通过建立良好学术氛围的各种高校权威中介组织，有机结合政府宏观统筹管理和高校自主化办学，实现政府的宏观管理、中介的权威服务、高校自主办学和社会有效参与的教育新格局。

（六）完善高等教育法律体系

依法执教是我国现代化教育发展的必然趋势，早在1993年，我国就提出了相关教育改革以及发展纲要，明确要求依法执教的相关教育发展战略，将依法建设作为高等教育管理中的"内在技术基础"，满足了高等教育管理创新的内在发展需求。通常情况下，依法执教的基本前提就是有法可依，目前我国虽然已经形成了较为完善的教育法律框架，但是，框架在立法工作方面还处于编制与完善阶段，难以更好地引导高等教育管理工作依法处理。在我国主张扩大高校办学自主权的过程中，已经提出了明确的法规内容以及条例，成为高等教育管理创新控制的宏观外部条件，对高校的内部改革以及自我约束等内在管理机制提出了更高的要求，否则将会导致高等院校的教育管理工作面临难题，难以满足当前的发展需求。因此，在高等教育管理创新发展的过程中，应树立正确观念，创建相关的法治体系，在合理立法的基础上，采用法律规定维护管理主体的社会地位，对相关的管理权限进行合理划分，在明确各方面责任义务的情况下，遵循有法可依的原则，以此促进高等教育管理工作的有序进行，全面提升整体教育管理工作的效率及水平，以达到预期的工作目的。

法律法规的完善不是一蹴而就的，针对目前现有的问题，首先可以在高校内部根据自身特点制定适合自身的法规，在高校范围内进行具体的实施。这个可以作为一种试点，在尝试的过程中，若是出现问题可及时地进行解决，之后再将有利于发展的举措尝试完善到法律中去，真正依靠法律力量将高等教育的管理约束起来。

（七）创建与社会主义市场经济相适应的教育管理体制

对于教育管理体制而言，在实际创建的过程中，要求其与社会主义市场经济之间相互适应。根据市场经济环境的发展特点，对传统的高等教育管理体系进行调整和改革，致力于培育专业素质较高、创造创新能力较强的人才，全面分析劳动、知识市场的人才需求，更好地开展高等教育活动。在此过程中，高等院校需要将自身作为独立的实体，实现自我支配、约束以及协调发展的最终目的。在社会主义市场经济发展的过程中，高等院校与市场经济活动之间的联系需要保证科学性，规避盲目联系等相关问题，在政府部门引导的相关宏观计划活动以及市场调节活动中，将高等院校作为纯公共产品的供应载体，满足当前的高等教育管理需求。

在相关的社会主义市场经济环境当中，高等教育管理工作应协调政府、学校、社会市场之间的关系，在自主办学的基础上，积极引导市场，形成良好的教育管理体系以及模式。一般情况下，政府部门在宏观调控的过程中，主要采用计划方式、行政方式、法律方式以及经济方式，对高校的教育方向以及教学活动、结果等都具有调控作用，而高等院校在自主办学的过程中，除了要接受政府的宏观调控之外，还需强化自身的市场活动作用，将价值规律内容、等价交换原则以及市场运作机制等融入其中，在高等教育管理的过程中深入融合市场机制，使其可以适应社会化的供需变化，凸显自身的特色优势。与此同时，高等院校面临外部竞争压力、内部利益驱动，需要提升自我的积累、发展、约束以及完善等综合实力，除了通过自主办学凸显特色优势，提升教育管理水平之外，仍需积极地创建横向联系以及合作关系。在高等教育管理的过程中，市场概念主要表现为：其一，外部市场，其中包括社会用人单位以及用人单位中介交换关系，如人力资源市场、资金市场等；其二，内部市场，其中包括内部活动中的市场现象、要素以及关系等内容。在一定程度上，外部以及内部市场之间存在紧密联系，应结合市场发展特点与趋势，创建完善的高等教育管理机制与体系，满足当前的教育管理创新发展需求。

三、高教管理机构创新

对高校的管理体系进行创新和改革，能够确保高教管理更加高效地服务于教育工作。高教管理机构在高校的改革发展以及人才培养中发挥着重要作用，为了促进高等教育的发展与改革，必须对高教管理机构进行创新和改革。

（一）定向开展工作

在建立高教管理机构时，应确定机构组织的建设目标与发展目标，并应将管理方向与高校教育发展体系相融合，并明确机构组织中各部门的职能效用，以此实现工作的定向化开展。鉴于我国当前的教育形式，高校教育体系下的管理人员需具备相应的工作热情、发展目光、应变能力、宏观调控能力等，才可推动高校教育事业的发展，以此来适应社会前进的脚步。在高教管理机构建设过程中，应将主体管理内容与各部门工作体系相融合，并应充分发挥管理部门的主体职能，以此来做到教务管理、教学管理的同步发展，为学生思想体系的形成提供基础保障。对于高校教务管理工作来讲，其是教育体系发展的重心，同时也肩负着教育改革的重任，学校只有通过精细化、多元化的管理形式，才可顺应当前社会发展的脚步。为此，在教务管理模式改革时，应遵循科学性、合理性的原则，以确保教务管理工作质量的提升。从教学管理方面来讲，其肩负着专业化教导的重任，在对此类机构组织进行建设时，应将学生作为切入点，将学生的学习特性、发展特性作为管理重心，以此来提升教学管理质量。为此，在开展高教管理工作时，高校应加强管理体系的建设，严格落实各项规章制度，从信息管理、人才建设、考试管理等方面进行建设与监督，以此来推动高教管理工作的开展。

（二）提升管理机构人员的专业素养

为适应当前教育事业的发展，高校在进行管理时，应对传统的管理观念进行转变，并通过管理工作与教育体系的不断磨合与碰撞，来优化管理体系，以此来提升管理质量。为确保高教管理工作开展的合理性，应对管理机构人员进行专业技能、职业素养等方面的培训，同时高校应引入先进的管理理念，将自身发展模式作为理念实施的先驱者，以此来加快管理体系的建设。此外，高校应将信息化系统贯穿到整体管理体系中，以辅助管理人员的工作，在当前大数据技术的应用下，可实现数据信息的高效处理，管理人员通过信息模型可更加直观地认清当前学生的状态。

高校在对高教管理机构人员进行培训时，应依据工作人员的工作能力来实行差异性培训，以充分凸显工作人员的优势特性，以此来彰显出管理人员的价值。高校还应通过团队调研、专家讲座的形式来提升高教管理的工作能力，令其在学习过程中，不断完善自身的管理意识，以此来提升高教管理质量。

（三）建设高素质的教师人才队伍

在高校中教师是关键一环，教学队伍的管理也是高等教育管理中最重要的一个环节。因为教学管理队伍是教学管理工作的执行者，肩负着各项职责，所以必须要有足够的职业和业务能力。因为教学管理队伍素质的高低会对学校的教学管理水平以及教学质量产生深远的影响，所以在对高等教育管理模式进行创新的过程中，加强教学管理队伍的创新能力才是关键。

教师是高等教育管理创新的依托与载体，只有建设高素质的教师人才队伍，才能更好地完成目前的教育管理创新任务，因此，高等院校应树立正确观念，充分意识到教师人才队伍建设的重要性，采用科学合理的方式对其进行改革完善。首先，应完善制度内容，采用最佳的措施开展管理工作，将激励制度、提升薪资水平、岗位晋升等方式作为主要的人才留用手段，预防教师人才流失。在此过程中，仍需积极引进教师人才，增强队伍的稳定性，并培养相关的教师人才，以此提升整体综合素养。为了更好地完成教师人才队伍的培养工作，相关部门应当将奖惩制度、考核评价制度、综合评价制度等融入其中，通过分流以及交流等形式，确保教师人才队伍的纯洁度以及可靠性，打造具有综合素养的人才队伍，为高等教育工作的实施以及发展夯实基础。其次，应当对社会发展情况进行全方位的分析与研究，遵循以人为本的发展原则，结合社会需求，对教师人才队伍进行优化改革。例如，聘用行业中的精英人员到学校中兼任教师，主要因为其不仅具有较高的行业技术能力以及丰富的理论知识，还有着深刻的理性思考以及亲身的职业体验，有助于将自身的实践操作经验与教育知识有机整合，更好地为学生讲解相关知识内容，提升教育工作的可靠性与有效性。除此之外，行业精英还对行业以及社会最新信息较为了解，有助于增加课堂教学的信息量，缩短学生与社会之间的距离，引导大学生全面了解社会实际状况，树立正确的观念认识，自主分析社会相关问题，形成思考问题的能力，为其后续的岗位工作夯实基础。另外，高校应当重视国外智力资源以及相关师资力量的合理引进，创建符合高等教育管理创新发展的教师人才队伍，全面提升整体教育管理工作的水平及价值。

（四）加强教学经费的管理

所谓勤俭才能持家，在办学时，也要遵循勤俭办学的原则。在办学的过程中，要建立一个科学规范的管理机制，对教育经费的拨款和支出都要严加重视，制定一个合理的拨款方法，不断完善教育经费的绩效评价制度，对高校的财务管理进行创新，杜绝一切浪费，在学校基础设施建设中也要以实用为主，杜绝奢华，提高经费的利用率。同时，还要不断健全监督机制，建立或健全内部审计制度，加大监督的力度，防患于未然。

（五）加强制度创新

制度创新属于高等教育管理工作中较为重要的任务，尤其在社会信息化发展、经济全球化发展、教育大众化发展的背景下，高等院校应重点关注教育管理的创新改革，通过合理的创新方式提升高等教育管理的工作水平，满足当前的发展需求。首先，在高等院校的扩招过程中，应充分利用自身的教育资源，为社会培养出更多的优秀人才。尤其在社会科学以及经济发展的进程中，人们的生活质量逐渐提升，社会的就业需求逐渐增加，终身教育理念初步形成，这对高等教育管理提出了更高的要求，需要相关教育管理部门结合自身的发展特点与规律等，做好各方面的教育管理创新改革等工作，全面提升教育管理工作水平，以达到预期的工作目的。其次，在高等教育管理创新的过程中，需要全面了解目前管理制度与体制方面的问题，遵循科学化的分析与研究原则，在明确问题情况的基础上，对高等教育管理制度进行合理的创新及管控，协调各方面工作之间的关系，以满足当前的教育发展需求。

在对高等教育管理创新时，不断健全完善教学管理和运行的机制，在提高教学管理水平时，对教学制度进行创新是非常重要的。现在很多高校都以社会需要和企业需要来培养人才，这时每所高校都会有自己的见解，但是并不能盲目地参考其他高校的培养办法，而是要积极参考别人的经验，并学会结合实际，不断改善自己的管理制度。此外，还需要不断完善学术管理和监督制度，完善教学质量监督机制和反馈机制，努力不断创新，建立一个科学、系统的管理机制，不断发现管理机制中的不足，从而对管理机制进行完善，使其能更好地发挥作用。

（六）创新教育管理模式

在高等教育的发展中，基于我国的教育方法和目标，形成了一定的管理形式。新时期，我国的教育事业不断发展进步，高等教育学校教育管理被赋予了新的内涵。在创新教育理念下，高等教育学校应创新教育管理模式。首先，贯彻落实"以人为本"的教育管理模式，即学校教育管理者在制定管理方案时，积极听取学校师生的意见或建议，采纳合理的建议，不断完善学校教育管理制度。其次，在高等教育学校的教育管理中，要加强对教师的管理，不仅要保证教师的地位，还要建立奖惩机制、激励机制等，这有利于调动教师参与学校教育管理的积极性。

（七）创新教育管理制度

制度是高等教育学校教育管理有序发展的重要基础。因此，在创新教育理念下，创新教育管理制度显得尤为重要。学术管理和行政管理是高等教育管理的两个重要方面。相关管理者应重视这一视角，进一步创新和完善教育管理制度。

首先，高等教育学校管理者要了解时代的演进和社会对高等教育学校发展的需求。其次，必须不断调整现有的教育管理机制，加强创新发展的方向，提高高等教育学校的教育管理水平。最后，在学术管理过程中，建立实验室，购置实验设备，并开发相应的实验室使用系统。

（八）管理主体多元化

高校教育体制改革应在制度层面上鼓励包括企业在内的社会力量参与高等院校的建设和管理，通过社会办学，实现高等院校办学多样化，拓宽教育渠道，促进高校与社会的紧密联系，使高等院校更适应时代发展需要，使高校培养的高素质人才更能满足社会需求，成为现代化建设的核心生力军。

（九）高等教育方式创新性改革

高等教育的方式，在某些方面存在一些问题，可能有些措施不能紧跟时代的步伐，就需要对这种情况进行一定的处理。在某些方面可以借鉴国外的一些比较好的经验。一方面，面对我国高等教育"填鸭式"的教育，可以在义务教育阶段更多地发展学生的各方面能力，而不仅仅是只盯成绩，这个措施同时也需要高考相关情况的改革，若是高考还是一味看成绩，那之前发展的兴趣爱好就无法撬动高校的大门；另一方面，对于一些专业性的人才，应该制定措施给予社会认可，对于专校等某些学校出来的优秀人才，也应该得到社会同等的认可。对于其他的一些情况，可以在经验积累的过程中，根据实际情况来进行相应的更改。

（十）提高自身的自主办学能力

高等教育管理创新发展过程中，应重视自主办学能力的形成以及提高，总结丰富经验，创建科学化的自主办学工作体系及模式，面向社会，落实自主办学的相关制度以及规范，争取更多的自主决策权力，在建设高素质教师人才队伍以及行政管理人才队伍的基础上，正确界定学科标准与教育管理标准，明确教育管理的计划要求与发展方向，合理完成工作任务，提升决策的科学性与管理工作的有效性。与此同时，在自主办学的过程中，高等院校应编制较为完善的计划方案，遵循科学化发展原则，充分发挥自身在办学以及教育管理方面的积极作用，全面提升办学的自主性与积极性，为其后续发展夯实基础。

第四节　高教管理创新发展思维特征

21世纪，随着我国加入世贸组织和市场经济体制的完善，我国的高等教育管理呈现出一些新的特征，这些特征与时代发展紧密相关。新的形势下，我国的高教管理创新发展思维特征主要表现为以下三个方面，即市场化、网络化、国际化。

一、市场化

中国加入WTO，非义务教育中的高等教育、成人教育、职业教育列入服务产业领域，意味着中国高等教育市场将向世界开放。近几年来，国家高教管理重心下移，从招生、用人等方面给予高校更多的自主权。可以说，目前，我国已经进入了高等教育大众化的初级阶段。从国际、国内的总体形势看，中国高教的市场格局正在逐步形成，市场特征逐渐呈现，中国高教在办学体制、教育管理上应逐步贴近市场，走向市场化管理。

（一）市场观念基本形成

我国高等教育一直在国家计划经济体制下运行，从专业设置、招生计划、办学经费直至毕业分配，都是根据国家计划指令进行操作的。90年代末开始的教育市场化的探讨曾引起较大反响，反对的呼声颇高，经过几年的理论研究与实践探索，1992年，中央发布了《中共中央、国务院关于加快第三产业的决定》，它指出，教育事业是对国民经济发展具有全局性、先导性的基础产业，属于第三产业。产业性质的确立是高教市场观念形成的基础。随着WTO的加入，国际教育产业理念的引进与国际教育市场竞争的实际性迫近，高等教育管理的市场观念已逐渐形成，大力发展高等教育成为国家拉动经济持续增长的一个重要方面，教育消费也成为国民消费结构的主要组成部分。目前，要求在高教领域尽快制定与国际接轨的法律法规，引进市场机制，鼓励企业及社会团体向高教领域投资的呼声很高，说明高教管理思维中的市场观念已基本确立。

（二）高校的运行过程已现市场的竞争特征

近几年来，高校在招生、引进师资、内部管理、后勤改革、毕业生就业等方面都呈现竞争态势。每到招生季节，不管是名牌大学还是普通高校、高职院校，都施展各自的浑身解数来争取招到足够的、理想的学生。在引进师资方面，竞争几乎白热化，尤其是热门专业、紧俏专业、新办专业、师资紧缺专业，竞争尤为激烈，很多大学以住房、奖金、科研启动费等优厚待遇来吸纳人才。在人事管理上，签订有关劳动合同和聘书、制定违约离岗的赔偿制度等都呈现市场特征。同时，增效挖潜工作也在各大高校展开，最热烈的就是高校后勤改革和人事分配制度的改革。特别是人事分配制度改革，在校内引进了内部竞争机制，把教学、科研的工作与个人经济收益挂钩，调动了教师和科研人员的积极性。这一系列改革，实质上是采用了企业管理的某些做法，是市场规律在高校内部管理中的运用。此外，毕业生分配市场化操作，资本运作开始介入高校领域，除建立了各种贷款制度外，一些企业集团开始向高校建设领域投资，建大学城，办民办大学。而公立高校也利用其品牌优势，参与竞争，如清华大学，为建设其远程教育体系，投资亿元。高等教育作为"一种个人追求的'渴求商品'，存在着通过国际贸易而带来购买者、贩卖者和中介者的商业利益"。其市场竞争特征已十分明显。

服务本质与外部环境的矛盾性，是高教管理的一个市场个性特征。市场的最大特征是追求利益最大化，或者明确地说，是追求利润的最大化。作为第三产业，高校占有一定的经济资源存在资本投入和硬件投入（主要是国家财政额定投入），同时也有产出效益，包括个人效益和社会效益，但高教的法律定位是"非营利"，部门本质是提供教育服务，具有准公共品特征。在目前教育市场逐渐打开，市场实质性竞争加剧的形势下，高教追求资源的优化配置、人员的合理使用，追求科研成果及产业转化的持续增长，追求学校规模的逐渐扩大、办学质量与水平不断提高，总而言之，是追求效益的最大化，或者利益（非利润）的最大化，以便在激烈的市场竞争中站稳脚跟，占有一定的高教市场份额，这是外部环境决定的高教的市场特征。其矛盾性在于以国家计划性投入来应对千变万化的市场，以"非营利"的本质定位来追求市场经济效益的最大化，这既是目前我国高教的市场个性特征，也是当前我国高教的困惑所在。

产品品科与质量的验证滞后性，是高教管理的另一个市场个性特征。与其他商品不同，高教能够立刻对产品进行质量检验或试用，高校的教学质量及应用价值只有学生在几年学习结束走上工作岗位后才能获得验证，滞后性带来教育投资的风险，其结果是带来名校效应。因为名牌在人们心目中具有质量保证和就业保证，可以降低投资风险，保证投资回报，所以从国家到个人的教育投入，都首选名校。

二、网络化

21世纪，网络以铺天盖地之势在高等教育中迅速蔓延。网络世界的广阔性、丰富性、生动性和即时性，给个体以全方位刺激，从而对现有教育管理理念、教育管理制度、教育管理模式、教育管理职能等产生了前所未有的影响。

（一）网络是没有国界的

当然在学校之间也是不存在界限的，在网络上许多的教学资源如图书、教师、课堂教学的内容等是可以共享的、可以存储的，教师的很多工作如课堂教学是可以不再重复的，教师的教学对象具有更广阔的特征，这使学校对教师的数量和质量的要求上必然产生影响。也许一个规模巨大的高校的某一门课程只需要两三位水平高、教学效果好的教师就足够了。如此一部分投资重点会转向网络教室等硬件上，以期让所有的学生能及时、方便地收看这几位教师的教学内容。

另外，开设这些课程的若干个高校可以共享几位教师，从而跨高校的教研室便会应运而生，在整体上提高高校教师的质量，减少教师的数量。这样，可以省去庞大的教育经费支出，更利于高校领导者在人事管理方面使高教的资源能得到合理配置。另外，高教的硬件水平在提升的同时，高校可以很好地利用这些固有的硬件条件，进一步完善信息化的高教管理系统。这样的一个系统在达到完美后，高教的管理将更为轻松、简易，省去了许多中间环节，也进一步实现了高教管理的透明化。

（二）数字化学习、网络教学改变了传统的教学模式，构建了一种新型平等的师生关系

教师不再是知识的权威和垄断者，学生可利用互联网择其所好自主学习——选择时间和教师的自主，从而使其个性得到张扬，特长获得发展；教师亦从昔日"粉笔黑板"的教学中解放出来，成为学生知识的点拨者、学习方法的推介者、心灵自由的创设者、个性发展的引导者、社会生活的指导者；师生之间不再是以往那种驾驭和服从的关系，而代之以平等、和谐的对话关系。同时，网络教学也可以使得一个学校的学生成为另一个学校老师的学生，师生关系的内涵和外延都将有新的内容。这种因网络化而出现的传统高教教学模式的新变化，对于高教管理的教学管理体系是一个新的挑战，传统的高教教学管理

基本上是面对面的单一人事管理，现在则因为网络的出现使得其管理面更为复杂也更为开阔。教师与学生之间的关系一反传统的管理者与服从者的关系而成为平等对话的个体关系。

（三）网络的及时性，使得高教管理中各种信息处于快速更新的状态中

首先是教材的概念开始改变。教材不再是单一的书本形式，各种电子书籍的大量出现，先进的教学硬件设备的出现，大大促进了网络教学的发展。另外，网络教学的发展必然会促进教学内容的不断更新，而抛弃了教材的滞后性和周期性，而且同一门课程的内容也将呈现出多元化的趋势。各方面的教育教学信息都会在第一时间准确、无误地传递给师生。其次是在管理模式上的改变。由于网络的更新是如此的及时，所以在现代高教管理中使用网络也必须遵循这一特点。也就是说，高教管理体系也必须与时俱进，灵活变化，适应多变的环境，高教管理思维也必须摒弃那种一劳永逸的想法，要不断地改革创新，在其实现方式上可以多样化，因循守旧，只会被弃于时代潮流的末梢，一种思维如果只是单纯的重复使用，则会失去其活力，在僵化之余，生机尽失。

（四）网络的虚拟性，给学生提供了一个仿真的世界

视觉和听觉的缺失以及互联网的隐蔽性，使个体容易沉溺其中，难以自拔，并距他们赖以生存的现实世界愈来愈远，由此会引发一系列的心理和社会问题，如人际疏离、自以为是、想当然、充满幻觉、兴趣单调以及内心孤僻等。这就要求高校加强相关方面的教育和辅导。同时也给高教的管理工作带来一定程度的困难，如果高教全部采用信息化管理方式，则一些根本的问题比较难解决。如学生的思想教育管理工作、高教的道德教育等。总之，高等教育这种网络化的特性将给高教管理带来一系列的变化，高校一定要加强认识，预计到网络化背景下高等教育管理将要面临的问题，制定和完善相应的措施，比如对于教育版权的规定等，使高等教育能够尽快地、顺利地适应这变化。

三、国际化

在经济全球化背景下，高等教育的国际化不仅仅是一种教育行为，更是一种大的趋势，同时更是促进本国经济和教育发展的手段。我国加入WTO，是在综合国力竞争加剧，经济全球化进程加快形势下的主动选择。同时，这将对我国高等教育及其管理将产生一系列影响，需要采取积极的对策，以抓住机遇，迎接挑战。有专家指出，我国加入WTO不仅对经济体制的转型产生影响，而且

也影响着文化教育的转型。要在国际竞争中居于主动，国民就应具有与之相适应的价值观念及素质，以及相应的生存方式。高校应承担起时代赋予的使命，充分发挥其在科学文化创新中的重要作用。

加入WTO，将对我国高等教育的若干基本政策产生重大影响。在新的形势下，高等教育仅传授知识已不能满足培养具有创新精神和实践能力人才的需要；仅重视科学主义也不能满足当今科学素养和人文精神协调发展的要求；仅注重专门职业化已不能适应科学技术高度综合化的发展趋势。高等教育的课程评价政策以国家统一标准、统一大纲、统一教材、统一考试为主，也已不适应高等教育大众化的需求。这种种预测表明，为了应对新的形势，我们必须对高等教育进行适当的调试，当然这其中一个重要的方面即在高等教育管理上，包括管理思维的突破、管理制度的变更、管理模式的创新等。我们必须按照新的高等教育质量观，调整高等教育评价政策。

随着经济全球化步伐的加快，金融、资本、技术、知识、人才等生产要素的跨国自由流动，我国高等教育管理以行政干预、直接管理为主的手段将被市场手段、法律手段所取代。根据WTO协议的规定，外资可以来我国投资办学或合作办学，这必将引起我国高等教育投资政策的变化，也将加剧我国高等教育市场的进一步分割和国际化，使我国高等教育处于前所未有的竞争境地。在教育国际化条件下，中国巨大的教育商机吸引着越来越多的海外院校来中国自我推销，各地举办的国际教育展无论从频率、规模质量和规格上都在迅速提高，一些发达国家用高水准的教育质量和丰厚的奖学金，吸引中国留学生。

而且，20世纪90年代以来，随着高新技术产业的研究与开发迅速上升，一些发达国家向知识经济转变。产业结构的调整，对掌握高新技术的人才需求不断扩大，但本国的大学所能提供的毕业生人数只占所需的1/3左右。为了在新世纪继续保持经济增长势头，美国在加强国内人才培养的同时，正以各种方式加快与其他国家争夺高级人才的步伐，大力抢占世界人才争夺战的制高点。

中国入世后，国外公司的大量进入及其本土化经营，将大大增加对高新技术人才及懂得世界贸易规则的金融、管理、贸易、法律、会计等方面的高级经营管理人才的需求。那些熟练掌握外语、精通涉外业务的高级专门人才将供不应求。同时，我国对服务贸易的承诺也将大大加快第三产业的发展。相比之下，目前我国高校的人才培养结构是与社会就业需求不相适应的。另外，外商来华投资办学，资金雄厚，办学及生活服务设施先进，加之其先进的管理理念、办学效益，会迅速地在其校内聚集起一个人才群，这些都构成了高等教育管理的国际化背景。

第三章　大数据时代的高教管理创新

随着我国当前科学技术水平的不断提高，网络技术在各行各业中得到了有效应用，给实际工作带来了一定的变化，从中可以看出，我国已经迎来了大数据时代。在大数据时代下的高等教育管理工作中，需要相关工作人员加强对大数据背景的解读和分析，结合高等教育管理的要求和标准，将两者相互融合，从而实现我国高等教育管理的有效革新以及发展，从而推动我国高等教育管理水平的有效提高。本章分为大数据与教育、大数据对高教管理的重要作用、大数据时代高教管理面临的机遇与挑战、大数据时代高教管理的创新路径、高教管理中大数据思维的运用五部分。

第一节　大数据与教育

一、大数据的内涵

大数据是一个比较宽泛的概念，如果只是从最浅析的意思来理解，可能就是信息繁多、规模庞大。然而，如果只是从数量上的庞大分析，是无法看出大数据和以往的"海量数据"有什么不同。

通过对大量文献资料追踪溯源，发现"大数据"这个词出现的最早时间在1980年的美国，著名的未来学家阿尔文·托夫勒（Alvin Toffler）在其所著的《第三次浪潮》中，将"大数据"热情地称颂为"第三次浪潮的华彩乐章"。在2008年9月，《自然》杂志推出了名为"大数据"的封面专档。2009年开始"大数据"才成为互联网技术行业中的热门词汇，被世人推崇讨论。

从技术层面看，大数据是一个抽象的概念，一些学者从技术的角度出发提出大数据是指无法在可容忍的时间内用传统IT技术和软硬件工具对其进行感知、获取、管理、处理和服务的数据集合。

从现代意义上看，大数据可以说是计算机与互联网相结合的产物，前者实现了数据的数字化，后者实现了数据的网络化，两者结合赋予了大数据更加丰富的含义。究竟什么是大数据，由于所从事学科领域的差异，目前学者和专家们并没有对大数据给出一个统一的概念，国内外学者对大数据有着不同的看法。

高德纳（Gartner）咨询管理公司数据分析师梅尔夫·艾德里安（Merv Adrian）认为，大数据是种在正常的时间和空间范围内，常规的软件工具以计算、提出相关数据分析的能力。

作为大数据研究讨论先驱者的咨询公司麦肯锡（Mckinsey&Company），2011年在其大数据的研究报告《*BigData: The next frontier for innovation, competition and productivity*》中根据大数据的数据规模来对其诠释，它给出的定义是：大数据指的是规模已经超出了传统的数据库软件工具收集、存储、管理和分析能力的数据集。需要指出的是，麦肯锡公司在其报告中同时强调，大数据并不能音译为超过某一个特定的数字，还是超过某一个特定的数据容量才能定义为大数据，大数据随着技术的不断进步，其数据集容量也会不断地增长，行业的不同也会使大数据的定义而不同。

电子商务行业的巨人亚马逊（Amazon）公司的专业大数据专家约翰·劳泽（John Rauser）认为，大数据是指那些超过了一台计算机的设备、软件等处理能力的数据规模、资料讯息的海量数据集。

日本野村综合研究所的著名学者城田真琴和朱四明在其专著《大数据的冲击》中通过对大数据的起源进行探讨后，在关于什么是大数据中给出的定义为：大数据，指的是通过运用现有的一般技术而难以进行管理的大量数据集的集合。

被誉为"大数据时代的语言家"的维克托·迈尔-舍恩伯格（Viktor Mayer-Schonberger）、肯尼思·库克耶（Kenneth Cukier）在其专著《大数据时代：生活、工作与思维的大变革》中对大数据的定义为：大数据是人们获得新的认知、创造新的价值源泉；大数据还未改变市场、组织机构，以及政府与公民关系服务。他还认为大数据是人们在大规模数据的基础上可以做到的事情，而这些事情在小规模的数据基础上是无法完成的。

IBM组织对于大数据的定义则是从大数据的特征进行诠释，它认为大数据具有3V特征，即数据量（Volume）、种类（Variety）和速度（Velocity），故大数据是指具有容量难以估计、种类难以计数且增长速度非常快的数据。

国际数据公司（IDC）则在IBM的基础上，根据自己的研究，将3V发展为4V，认为大数据具有四方面的特征：数据规模巨大（Volume）、数据的类型多种多样（Variety）、数据的体系纷繁复杂（Velocity）、数据的价值以估测（Value）。所以IDC对大数据的定义为：大数据，指的是具有规模海量、类型多样、体系纷繁复杂并且需要超出典型的数据库软件进行管理且能够给使用者带来巨大价值的数据集。

有学者从信息资源的角度出发，指出大数据是具有更强的决策力、洞察发现力和流程优化能力的海量、高增长率和多样化的信息资产。尤其是从事社会科学领域的学者认为大数据的概念内涵不应仅局限在技术层面，他们认为大数据可以定义为在合理时间内采集大规模资料并将其处理成为帮助使用者更有效决策的社会过程。

虽然大数据尚未有公认的定义，但并不意味着大家对这个概念没有较为普遍的共识。从以上定义来看，我们认为"大数据"是伴随数据信息的存储、分析等技术进步，而被人们所收集、利用的超出以往数据体量、类型，具有更高价值的数据集合和信息资产。总的来说，从概念内涵来看，大数据不仅仅指海量数据，或者说大规模或超大规模的数据资源集合，其更具有四重概念内涵。

（一）大数据是一种新的数据形态

当前，随着移动服务、电子商务、互联网金融、社交网络等新技术应用的飞速发展，越来越多的人类经济社会运行内容被投射到云上，在云端进行统一处理并提供服务。有句形象的说法，以前是"人在做，天在看"，现在则是"人在做，云在算"。在这样一个背景下，人类社会产生的数据无论是规模、类型还是处理速度的要求都面临巨大变化。大数据概念出现的最根本历史因素，是人类进入信息时代以来的全球性数据爆炸性增长。有研究认为，当前互联网上的数据以每年50%左右的速度增长，人类90%以上的数据都是最近几年产生的。同时，随着当前社交网络、移动计算和传感器等新的渠道和技术的不断涌现和应用，互联网中越来越多的信息是不规则的半结构化甚至非结构化数据。大数据计算服务的目的是对当前互联网领域占据80%以上的结构化和半结构化数据进行智能分析，并且实时地将计算结果通过网络反馈给终端用户。这是看待大数据的第一个视角，即它是一种呈现数据容量大、增长速度快、数据类别多等特征的数据形态。

（二）大数据是一种新的产业业态

当前，围绕大数据存储、传输、处理、加工、开发和应用各个环节，大数据产业的核心生态和关联业态已经初步形成。据估算，2016年，我国大数据市场规模约为2 485亿元，预计年均增速维持在30%以上，到2022年，我国大数据产业规模或达13 626亿元以上。大数据应用领域的扩展，激发了"互联网+大数据"的商业新模式，一系列基于大数据的产品应运而生，带动物联网、人工智能、无人驾驶等新兴产业加速发展。如裴艳、苏乐、王月等学者基于投入产出模型，对我国大数据产业与国民经济各产业部门之间的投入、产出关系进行分析，发现我国大数据产业的带动力系数为1.4150，推动力系数为1.2003，属于第一类部门。其特点为需求拉动力大、供给推动力大，即属于强辐射力、强制约力的产业。

习近平总书记指出："研究表明，全球95%的工商业同互联网密切相关，世界经济正在向数字化转型，我们要在数字经济和新工业革命领域加强合作，共同打造新技术、新产业、新模式、新产品。"大数据技术兼具"使能性技术"（Enabling Technologies）和"通用目的技术"（General Purpose Technologies，GPTs）的优点。一方面，大数据技术能够改进和提升既存技术能力，为使用者架设"使然技术"与"应然技术"之间的桥梁，大大提高创新效率；另一方面，大数据技术能够满足各行各业的共性需要，对于国民经济各部门具有十分广泛的辐射带动效应，有助于提升全要素生产率。根据交易成本经济学理论，交易成本源于人的有限理性和机会主义行为。显然，大数据有助于扩展人的理性，减少人的机会主义行为，从而有利于降低交易成本。而从交易成本视角而言，大数据技术是一种具有降低交易成本的技术进步。根据美国联邦储备委员会的研究结果，2004—2012年美国劳动生产率的增长中，数字化技术的贡献度达到43%，接近其他所有技术对生产率增长的贡献之和。正因如此，全球各国在推动数字经济发展时，其着眼点已经远远超出数字化产业本身，而是关注于大数据、云计算等数字技术与实体经济的融合部分，关注数字化技术对于传统行业转型升级的带动辐射作用，全力推动经济模式向形态更高级、结构更合理的方向演进。

（三）大数据是一种新的治理模式

当前，全球信息技术革命持续演进，电子政务发展所依托的信息技术手段正面临重大飞跃，以云计算、大数据、物联网和移动互联网等为代表的新一轮信息技术变革浪潮风起云涌，不仅对产业发展、商业模式、媒体传播、金融服务等领域产生强烈冲击，同时也深刻改变了信息化发展的技术环境及条件，为政府治理、公共服务、社会管理和商业运行提供了更为强有力的科技支撑。

在公共服务方面，全球电子政务领先国家开始普遍开展政府网站用户行为大数据的分析与挖掘工作。如美国、英国、澳大利亚、加拿大、日本、韩国、新加坡等数十个发达国家政府门户网站和联合国门户网站均已部署了基于云服务模式的网站用户行为分析系统。通过对海量网站用户访问行为数据的分析和挖掘，提炼用户需求，指导政府提供更加个性化的网上服务，并通过对用户访问规律和点击行为的动态监测，有针对性地改进政府网上服务，精准推送服务内容，使在线服务越来越向智慧化、精准化、主动化的方向发展。

在社会管理方面，国外一些政府部门（如医疗、交通、公安等）已经注重挖掘本部门所掌握的数据价值，更有效地提高部门业务运作效率，提升公众满意度。例如，美国疾病预防控制中心（CDC）利用从多处收集的海量数据，开发了复杂的流感跟踪系统，及时了解疫情变化，并基于流感跟踪系统，建立了专门网站（FluView），每周将数据向公众开放，方便公众查询当地的流感情况。再如，美国警察部门正在兴起一项新的应用——警务预测（Predictive Policing），即基于大数据分析预测一个城市哪个地区最可能发生犯罪事件以及哪里最有可能找到犯罪分子。此外，应用大数据实现交通治理精细化逐渐成为一种趋势，包括利用大数据分析处理交通拥堵、监测恶劣天气的道路状况、检测道路损毁状况等。

在政府治理创新方面，以大数据、人工智能等为代表的数字经济蓬勃发展，对政府治理方式提出了一系列全新挑战，各国均在积极寻求适应数字经济时代的政府治理模式创新路径。如针对以大数据、云计算、区块链、人工智能等为代表的FinTech金融科技）带来的监管挑战，英国金融行为监管局提出发展RegTech（监管科技），力求依靠科技手段满足实时、动态监管需求，逐步解决金融监管信息不对称问题，缓解法律滞后等弊端。再如美国密歇根州早在2002年就建成了世界上第一个网络法院，主要聚焦处理信息技术和新经济领域的纠纷，有效解决目前传统法院审理周期漫长与新经济领域短周期经济活动之间的矛盾。英国学者海伦·马吉茨（Helen Margetts）指出，全球政府治理在经历了传统的韦伯模式和新公共管理（NPM）模式后，正在进入第三个阶段，即数字治理（DEG）模式，其基本特征就是将数字化技术置于机构层级的核心位置，以公民权为轴心，推动数字化的整体性政府建设。

在商业治理领域，当前大数据已经成为商业智能的代名词，基于大数据的分析和挖掘技术，商业智能已经从过去的报告和决策支持模式跃升到商业预测和未来决策制定（Next-move Decision Making）的模式。另外，大数据通过对企业不同价值链条的动态整合，已形成一种全新的网状、弹性、自组织的业务流程管理格局，还将引发一场"战略性的、企业级的、贯穿整个价值链的深度变革"。

（四）大数据是一种新的思维理念

大数据的第四层内涵，是在推动产业发展和治理创新的基础上，进一步在认知层面完成对人类社会群体的思维模式改造，发挥大数据融入经济社会发展方方面面的阶乘效应。长期以来，中国社会文化一直缺乏精确的数据意识，中国人的传统习惯是定性思维而不是定量思维，正如胡适先生所说的"差不多"文化，这种文化阻碍了科技在中国的发展，没有精确就没有现代科技。数据文化的本质就是尊重客观世界的实事求是精神，数据就是定量化的、表征精确的事实，重视数据就是强调用事实说话，遵循理性思维的科学精神，因此提升全社会的数据意识、强化数据精神是大数据热的巨大贡献。

著名历史学家黄仁宇先生曾指出，西方人在研究社会经济史时，喜欢使用计量经济学的方法，其实西方其他社会科学在做研究时都有数字化的倾向，用数据来说明问题。比如新制度经济学的罗伯特·福格尔（Robert Fogel）研究美国铁路对美国经济的推动作用时得出其贡献仅为3%，这个数据的得出需要那个时代的各种相关要素的统计资料。要做这样的研究，其前提是必须有某一时期相关因素的准确的统计资料。

进入2012年，"大数据"一词越来越多地被提及，人们用它来描述和定义信息爆炸时代产生的海量数据，并命名与之相关的技术发展与创新。它已经上过《纽约时报》《华尔街日报》的专栏封面，进入美国白宫官网的新闻，现身在国内一些互联网主题的讲座沙龙中，甚至被嗅觉灵敏的国金证券、国泰君安、银河证券等写进了投资推荐报告。

数据正在迅速膨胀并变大，它决定着企业的未来发展，虽然很多企业可能并没有意识到数据爆炸性增长带来问题的隐患，但是随着时间的推移，越来越多的人会意识到数据对企业的重要性。正如《纽约时报》2012年2月的一篇专栏中所称，"大数据"时代已经降临，在商业、经济及其他领域中，决策将日益基于数据和分析而作出，而并非基于经验和直觉。哈佛大学社会学教授加里·金（Gary King）说："这是一场革命，庞大的数据资源使得各个领域开始了量化进程，无论学术界、商界还是政府，所有领域都将开始这种进程。"

大数据其实是一个从量变到质变的转化过程，它代表着在现实生活中，无论是在经济方面，还是在社会实践方面，数据作为一种资源都发挥着重要的作用，与之有关的技术产业、应用都会相互影响、共同前进。从技术角度进行理解，大数据形成质变以后会出现一些新的问题，也就是数据从静态变为动态，从简单的多维度变成巨量维度，并且其种类变得越来越多，现在的分析方法和技术已经不能满足这种数据应用。这些数据的采集、分析、处理、存储、展现都涉及高维复杂多模态计算过程，涉及异构媒体的统一语义描述数据模型、大容量存储建设，涉及多维度数据的特征关联与模拟展现。但是，从最本质的角度进行分析，大数据还是为了其应用价值，如果大数据没有价值，那也没有什么意义了。

大数据是互联网发展到一定阶段的必然产物，由于互联网在资源整合方面的能力在不断增强，互联网本身必须通过数据来体现出自身的价值，所以从这个角度来看，大数据正在充当互联网价值的体现者。

随着更多的社会资源进行网络化和数据化改造，大数据所能承载的价值也必将不断得到提高，大数据的应用边界也会不断得到拓展，所以在未来的网络化时代，大数据自身不仅能够代表价值，大数据自身更是能够创造价值。

从互联网技术体系的角度来看，大数据正在成为推动整个互联网技术向前发展的重要推动力。一方面，大数据通过数据价值化将全面促进物联网和云计算的发展；另一方面，大数据也为人工智能的发展奠定了扎实的基础，正是由于大数据技术的发展，目前人工智能产品的落地应用效果得到了较为明显的提升。

从产业互联网的整体解决方案来看，大数据正在成为企业重要的生产材料之一，企业可以通过大数据来完成产品（服务）的设计、创新，同时基于大数据也能够全面赋能企业的运营管理，比如企业员工的价值化考核就是大数据一个重要的应用方向。

大数据目前正处在落地应用的初期，当前大数据产业链还需要进一步完善和发展，大数据自身所开辟的价值空间还有待于进一步发掘，可以从三个方面来进行深入，其一是大数据与行业应用的结合，可以从场景大数据分析入手；其二是大数据与物联网的深度结合；其三是大数据与人工智能技术的深度结合。

最后，大数据的落地应用不仅需要技术专家的参与，也需要行业专家的参与，行业专家对于大数据所能扮演的角色会起到决定性的作用，因为大数据本身并不是目的，大数据的应用才是最终的目的，而大数据最终能够扮演什么角色往往由应用者来决定。

二、大数据时代的特征

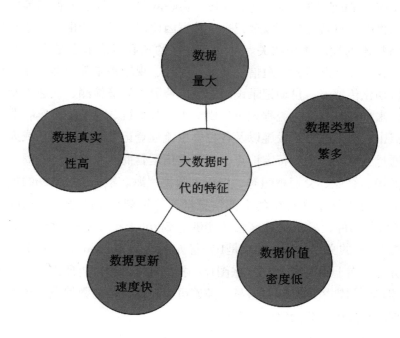

图3-1　大数据时代的特征

（一）数据量大

当今，我们的世界已逐渐被数据包围。按数据的存对象来分，可分为环境数据、医疗数据、金融数据、交通数据等。按照数据的结构进行划分，人们存储的数据除了结构化数据外，还包括各类非结构化数据（音像、方位、点击流量），半结构化数据（电子邮件、办公处理文档）等。衡量数据的有关的数据量单位在数据从MB转向TB转向PB，甚至逐渐地转向ZB，以及今后会出现的更高级别的数据量级别。人类社会的数据规模正在不断地刷新一个又一个的级别。

数据量大是大数据的基本属性。互联网、物联网、社交网络、科学研究等源源不断产生的数据使得数据的规模呈现爆炸式的增长。2012年12月IDC发布了一份名为数据宇宙的研究报告——《2020年的数字宇宙：大数据、更大的数字阴影以及远东地区实现最快增长》。该报告是对一年内全世界所产生的数据进行度量统计，统计的数据包括图像、科学研究、金融数据等。根据报告显示：2007年全球数据量为0.49ZB，2010年为1.3ZB，人类正式进入ZB时代。

数据量大，包括采集、存储和计算的量都非常大。大数据的起始计量单位至少是PB、EB或ZB，移动电子设备、物联网和云计算、云存储等技术的发展，人和物的所有轨迹都可以被记录，数据因此被大量生产出来，这与数据存储和网络技术的发展密切相关。移动互联网的核心网络节点是人，不再是网页，人人成为数据制造者，短信、微博、照片、视频都是其数据产品；数据来自无数自动化传感器、自动记录设施、生产检测、环境检测、交通检测、安防检测等；来自各种自动化流程记录，刷卡机、收款机、电子不停车收费系统、互联网点击、电话拨号等设施以及各种办事流程登记等。大量自动或人工生产的数据通过互联网聚集到特定地点，包括电信运营商、互联网运营商、政府、银行、商场、企业、交通枢纽等，形成大数据之海。根据TechWeb的报道，在一天之内，互联网上所产生的全部信息量，能够刻1.68亿张光盘；可以发出2 940亿封的邮件；发出的社区帖子能够达到200万个，这个数字是美国《时代》杂志770年的文字总量；如果是1.72亿人在登录Facebook，一共需要的时间是47亿分钟，在上面要传送2.5亿张图片，把这些图片全部打印出来，差不多有80座巴黎埃菲尔铁塔的高度。但是，随着可供企业使用的数据量不断增长，可处理、理解和分析的数据比例却不断下降。

（二）数据类型繁多

数据类型繁多是大数据的一个重要特性。多样性的大数据也正是大数据价值所在，多样化的数据类型和数据来源，为分析数据间相关性，挖掘数据间的价值提供了可能随着物联网、智能终端以及移动互联网的飞速发展，各类组织中的数据也变得更加复杂，因为它不仅包含传统的关系型数据，还包含来自网页、互联网日志文件（包括点击流数据）、搜索索引、社交媒体论坛、电子邮件、文档、主动和被动系统的传感器数据等原始、半结构化和非结构化数据。

互联网时代，各种设备通过网络连成一个整体。个人用户不仅可以通过网络获取信息，还成为信息的制造者和传播者。因此，数据量不仅在爆炸式增长，数据种类也变得繁多。除了简单的文本分析外，还包括网络日志、音频、视频、图片、传感器数据、点击流、搜索引擎、地理位置信息等其他任何可用的信息。比如，在交通领域，交通智能化分析平台数据来自路网摄像头、公交、轨道交通、出租车以及省际客运等运输工具采集的车辆行驶数据，地理信息系统数据，以及通过问卷调查采集的用户数据等。诸如每天浮动车辆产生的记录、交通卡刷卡记录、手机定位数据、出租车运用数据、电子停车收费系统数据等，在体量和速度上都达到大数据的规模，其类型也涵盖了各个数据结构。

以往的数据量尽管巨大，但大多以结构化数据为主。这种数据一般运用关系型数据库作为工具，通过计算机软件和设备很容易进行处理。结构化数据是将某一类事物的数据数字化，以便于我们进行存储、计算、分析管理方式而进行抽象的结果。在某种情况下可以忽略一些细节，专注于选取有意义的资讯信息。处理这类数据，只需确定好数据的价值，设置好各个数据间的格式，构建起数据间的相互关系，进行保存即可，一般不需要进行更改。数据世界发展到目前，使得非结构化数据超越结构化数据，非结构化数据具有大小、内容、格式等结构不同，不能用一定的结构来进行框架的特点。如人们在上网冲浪的过程中所看的电影视频、旅游过程中上传的照片、微信发的朋友圈、记录的微博等。人们日常工作中接触的文件、照片、视频，都包含大量的数据，蕴含大量的信息。

自然，这些数据并非是全新的，有一些是从过去就保留下来的，有所不同的是，不仅仅是需要对这些数据进行存储，还需要分析这些数据，从所有的信息内容中获取有价值的信息，如监控摄像机中的视频数据。现在，许多的企业都设置了监控摄像机，如超市、便利店等，起初是为了防范盗窃，但是现在企业利用监控摄像机的数据分析顾客的购买行为。例如，高级文具制造商万宝龙（Mont Blanc），他们过去对顾客的分析都是根据经验和直觉来判断，以此决定商品如何布局，现在他们利用监控摄像头分析顾客在店内的消费行为，以更好地对商品排列布局，吸引消费者。通过分析监控摄像机的数据，将最想卖出去的商品移动到最容易吸引顾客目光的位置，使得销售额提高了20%。

（三）数据价值密度低

数据采集的不及时、样本的不全面、数据的不连续、数据失真等问题都会导致大数据的价值密度低的问题。但数据的价值密度低还可能来源于对非结构化数据的处理。传统的结构化数据，尽管样本量比较小，但是对结构化数据的处理上，是对该事物的抽象，每一条数据大都包含了使用者需要的信息。在大数据时代下，尽管拥有海量的信息，但是真正可用的数据信息只有一小部分，不需要对数据进行处理、归纳抽象，直接保持着数据的全貌，因此也保留了大量的无用甚至可能是错误的信息。因此，如果将大数据比喻为石油行业的话，那么在大数据时代，重要的不是如何炼油（分析数据），而是如何获得优质原油（优质元数据）。

大数据的价值具有稀缺性、不确定性和多样性，数据价值密度相对较低，但应用价值高，或者说是浪里淘沙却又弥足珍贵，可见大数据运用的真实意义所在。随着互联网以及物联网的广泛应用，信息感知无处不在，如何结合业务逻辑并通过强大的机器算法来挖掘数据价值，是大数据时代最需要解决的问题。

"互联网女皇"玛丽·米克尔（Mary Meeker）曾用一幅生动的图像来描述大数据。一张是整整齐齐的稻草堆，另外一张是稻草中缝衣针的特写，寓意通过大数据技术的帮助，可以在稻草堆中找到人们所需要的东西，哪怕是一枚小小的缝衣针，这揭示了大数据的一个很重要的特点，即价值的稀疏性。保留有用信息，舍弃不需要的信息，发现潜在关联的数据并加以收集、分析、加工，使其变为可用的信息，是大数据价值的真正所在。

尽管数据价值密度低为人们带来很多不便，但应该注意的是，大数据的数据密度低是指相对于特定的应用，有效的信息相对于数据整体是偏少的，信息有效与否也是相对的，对于某些应用是无效的信息对于另外一些应用则成为最关键的信息，数据的价值也是相对的，有时一条微不足道的细节数据可能造成巨大的影响。比如，网络中的一条几十个字符的微博，就可能通过转发而快速扩散，导致相关的信息大量涌现，其价值不可估量。因此为了保证对于新产生的应用有足够的有效信息，通常必须保存所有数据，这样一方面可以防止数据的绝对数量激增，另一方面则可以使数据量达到一定规模，可以通过更多的数据达到更真实、全面的反馈。

例如，现在监控视频运用得越来越多，许多公共场所都装有监控设备，如银行、地铁等地点，并且这些地点的摄像头是24小时的，时刻运转，产生的视频数据也是很大的。通常来说，这些视频数据基本上是没有作用的，大家对此不会过多的关注，但是在某些特殊情况下，如公安部门需要获取犯罪嫌疑人的体貌特征，虽然有效的视频信息很短，但是却给公安人员带来极大的帮助，因为监控视频中不知道哪几秒是有用的，所以需要全部保留下来，在以后可能就会发挥很大的作用。

（四）数据更新速度快

在信息时代，大数据的一个显著特征是数据产生和更新的速度快，这个速度是无法形容的。就像搜集和存储的数据量和种类发生了变化一样，生成和需要处理数据的速度也在变化。不能把速度的定义，简单地认为是与数据存储相关的增长速率，应该动态地把这个概念理解为对数据的处理速度与数据的流动速度。海量多类型的数据对数据的处理能力提出了更高的要求，现实中对数据的时效性需求上，有一个著名的"1秒定律"，即要在秒级时间范围内给出分析结果，超出这个时间，数据就失去价值了。随着移动网络的发展，人们对数据的时效应用需求更加普遍，比如通过手持终端设备关注天气、交通、物流等信息。搜索引擎要求几分钟前的新闻能够被用户查询到，个性化推荐算法尽可能要求实时完成推荐。高速性要求具有时间敏感性和决策性，即能在第一时间抓住重要事件发生的信息，提前感知预测并直接提供服务对象所需要的个性化服务。例如，对绝大多数商品来说，找到顾客"触点"的最佳时机并非在结账以后，而是在顾客还提着篮子逛街时。电子商务网站从点击流、浏览历史和行为（如放入购物车）中实时发现顾客的即时购买意图和兴趣，并据此推送商品，这就是"快"的价值。

数据不是静止不动的，而是在移动互联网、设备中不断流动的，数据的流动消除了"数据孤岛"现象，通过数据如水一般在不同的存储平台之间自由流动，将数据在合理的环境下进行存储，可以使各类组织不仅能够存储数据，而且能够主动管理数据。但也应该看到，对于这样的数据，仍然需要得到有效的处理，才能避免其失去价值。

（五）数据真实性高

数据的准确性和可信赖度，即数据的质量。数据的重要性就在于对决策的支持，数据的规模并不能决定其能否为决策提供帮助，数据的真实性和质量才是获得真知和思路最重要的因素，是制定成功决策最坚实的基础。追求高数据质量是一项重要的大数据要求和挑战，即使最优秀的数据清理方法也无法消除某些数据固有的不可预测性。例如，人的感情和诚实性、天气形势、经济因素等。在处理这些类型的数据时，数据清理无法修正这种不确定性，然而，尽管存在不确定性，数据仍然包含宝贵的信息。随着社交数据和企业内容、交易与应用数据等新数据源的兴起，传统数据源的局限被打破，企业愈发需要有效的技术之力，以确保其真实性及安全性。

我国教育领域发展与改革面临着巨大的挑战，大数据与教育的结合成为时代发展的必然要求。大数据思想可以给教育理论的创新带来新思维、新视角，同时大数据给教育实践领域的探索带来了新技术、新方法。大数据的到来必定对我国的教育领域带来极大的正面影响，它将革新教师传统的教学思维，改变学生学习知识的新方式，使我国教育领域进入一个崭新的阶段。

三、教育大数据的概念及特点

（一）概念

教育大数据是指教育行业的大数据，到目前为止，教育大数据还没有明确的定义。顺名思义，教育大数据是指整个教育活动中所产生的和教育相关的所有数据以及开展教育活动所需的其他数据，记录了教育的发展过程并蕴藏了巨大价值的数据集合。

教育大数据的来源可分为四大类：一是在教学的过程中产生的教育数据，如试卷、网络课堂视频等；二是在科学研究的过程中采集到的数据，如科研材料的消耗和采购、论文的发表等；三是在教育管理过程中产生的数据，如学生的体检数据、学校基本信息等；四是学校中与生活相关的数据，如打印复印材料、洗浴数据、餐饮数据等。

（二）特点

在大数据时代，越来越多的电子设备和信息技术将被应用到教育的过程中，可以在不影响教师教课、学生学习生活的情况下采集整个教育过程中的所有信息，如学生在做题的时候解答每道题所停留的时间、课堂上教师在讲到某个知识点时学生的表情、教师课堂上微笑的次数、提问的次数等。教育大数据包含的范围广泛、多样、混杂，与其他行业的大数据相比，教育大数据具有三个方面的特点，具体如下。

1. 教育大数据的采集具有高度复杂性

我国的教育过程不仅仅有施教者和受教者，还有教职工等人员所产生的数据，人具有主观意识的能动性，其行为具有不确定性，其间所产生的行为数据具有多样性和不可预估性。同样教育过程也不存在固定的流程和模式，创新型的人才培养需要多元化、创新性的教育方法和教育模式。由于缺少像商业领域的标准业务流程和管理方法，因此教育大数据的采集会比较复杂。

2. 教育大数据的应用需要高度的创造性

大数据在教育领域的应用需要突破常规的数据分析与应用的思维，这样才可以在重塑教育方面挖掘出更多的可能性。当前我国的教育发展面临着许多的问题，比如教育资源、教育质量不均等的一系列重大难题，能否解决这些问题，直接影响着国民对中国教育的满意程度。教育关乎国计民生，而教育又存在着各种各样的现实难题，因此需要将数据挖掘、学习分析、人工智能、可视化等技术运用到教育问题中并充分发挥创造性，才能解决当下的难题。

3. 教育大数据的相关关系和因果关系

在商业大数据中，如果能够发现数据之间的相关关系，即可得到非常有价值的信息，此时即可利用大数据为自己获取更多的利益和便利。但是教育大数据不仅需要搞清楚数据的相关关系，还需要搞清楚数据之间的因果关系，教育是以人为本，不仅要"知其然"，更要"知其所以然"。这样才能找到问题的本质，从根源上解决问题。

四、大数据对教育的影响

大数据的到来给教育界带来了深刻的影响，许多教育界学者对教育的改革提出了很多新的思路和创意。对于大数据在我国教育界的应用情况，结合相关文献，对大数据在教育中的影响做了以下几点分析。

（一）大数据给教育理论的创新带来了新思维、新视角

1. 大数据使教育政策更具有前瞻性和引导性

传统教育政策的制定是决策者自己或者群体中结合自己有限的认知和理解推测教育可能的现实是什么，验证自己推测结论是否准确的方法是进行调研，而调研的过程通常是被制定的"抽样"和座谈的样本，而这样难免会掺杂个人主观的干预，所以传统的教育政策的制定不具有完全的可靠性。在大数据的支持下，各级决策者可以以数据为决策的依据，从传统的掺杂个人主观意愿的制定方式转换为以可靠的数据分析和挖掘结果为依据的现代教育治理模式的转变。在大数据的支持下，教育政策的制定不再是简单的经验总结或经验模仿的过程，而是从大量现实教育数据中挖掘出来的可靠的、真实的信息为决策者提供决策支持。因此，教育政策的制定会更加科学化，更加符合当下的教育现状，使教育政策更具有引导性。

2. 大数据思维影响教育界从传统的集体性教学转换为针对个人的个性化教学

在当今的大数据时代，学习者在学习的过程中难免会留下和自己学习方式相关的信息，通过对这些信息的分析与挖掘，可以得到多种学习行为模式。大数据可以改变传统的教学方式，使教师从依赖个人经验转化为依赖海量教学数据分析为学生讲课，使学生的自我发展方向从依靠老师的理性判断转换为自己在学习过程中产生的大量的数据分析，使传统的集体性教学转化为有针对性

的、个性化的教学。现今，在互联网上比较流行的大规模在线开放课程（Massive Open Online Course， MOOCs），MOOCs之所以能够这么流行的根本原因在于它有着学习分析技术和大数据的支持，学习分析技术和大数据可以做到让所有的课程资源以及服务都以数据的方式清晰地展现出来。例如，所有的课程资源和服务系统的建设及维护，都是建立在学生在学习过程中所产生的数据的基础上，从而使系统所提供的课程内容更符合学习者的需要、教学也更具有针对性，做到了根据学生的需求和不足动态地提供所需资源，这种个性化定制的服务大幅度提高了学习者的积极性，有效促进了学习成功的实现。大数据的应用可以在实现大规模在线教育的同时也可以兼顾单个学生的需求。大数据高速、实时的特性可以实时监测在线学习的每一个学生的学习状况、需求变化，改善学习者的学习效果，同时利用大数据处理学生在学习过程中所产生的数据，可以预测和把握学习者的需求变化。

3. 在大数据技术支持下， 教育评价和学习分析从传统的依赖经验向以客观事实为依据的方向发展

随着科学技术的发展，信息技术也成功运用于教育之中，学习者在学习终端下学习的过程被记录下来，形成了大量的数字化学习记录。教育大数据技术可以做到实时跟踪、关注和分析学习者的学习过程。在大数据的支持下，教育的研究方向趋向于对所有数据的分析方法，这为人们提供了最直接、最客观、最准确的教育评价和学习分析的依据。在大数据技术的影响下，教育的评价方式将被重构，即由原来的以经验的方式评价转变为基于数据的过程性评价，通过分析海量的教学数据来把握教学规律。在融入大数据技术的教育界，可以通过分析学习者的整个学习过程数据来预测和优化学习过程，为教学决策者提供重要的决策支持。

在教育评价中，评价对象不仅仅是学习者。同样，人们可以利用大数据提供的信息来分析自己在教学中的特长以及不足。教育评价在教育过程中是一个非常重要的环节，只有采用科学、客观的方式才能促使教师和学生在教学和学习的过程中深刻意识到自己所存在的不足，从而反思自己的问题所在以及改进的方法，达到提高教学质量的目的。

（二）大数据给教育实践领域的探索带来了新技术、新方法

大数据在教育实践领域的应用主要表现在数据的采集、分析和挖掘等方面，通过分析教育教育提供的实时数据，为教育教学提供科学的决策，使教育教学活动的实施有客观、现实的依据，从而最大限度地发挥教育教学活动的功

能与价值。大数据在教育实践领域的应用主要体现在教育资源的建设、智慧校园建设和学习分析技术等方面。

1.为教育资源建设、共享和运用提供新思路

教育资源是教育得以实现的根本，传统的教育资源分配方式是主管部门进行配发、教师自主开发等。主管部门的配发并不能完全满足教育本身所需要的资源。教师的自主开发大多以经验模仿或自己经验为依据，往往会造成资源重复建设和资源质量不高等问题，传统的对优质资源的定义也是依赖于经验的方式。在当今大数据时代下，教育资源的建设有了新的思维和方法，为教育资源的分配提供了技术支持，为优质资源的评价提供了客观的依据。

2.为智慧校园的设计规划与建设实施提供新方法

随着信息技术的发展，"智慧"一词在诸多领域中得到应用，对教育界也有着深远的影响。智慧校园的建设便成了教育信息化建设的重要内容之一。在当今大数据的时代下，大数据的思维和理念为智慧校园的建设提供新的方法。智慧校园的建设可以通过把传感器嵌入到校园的多种软件系统中，使用云计算模式将所有平台融入到校园云，实现互联网、物联网、云的互联互通，然后对实时获取的数据进行加工处理，从而为学校的决策者提供有效的决策支持。另外，智慧校园也包括了大数据的标准体系、校园数字化生态环境以及相应的信息化组织管理体系等方面的建设。智慧校园中的基于与计算的大数据应用可以对教师教学行为、学生学习行为、学生个性化需求和特征做出分析和预测，一方面可以对学生的身心健康发展过程中所出现的问题及时作出反应，并在合适的情况下提供相应的引导和帮助；一方面通过实时地获取学校的所有数据，为学校负责人提供学校宏观的运转情况，帮助其了解学校最新的管理和教学信息，从而使教学管理更趋于科学化、智能化。

3.帮助教育领域解决学习分析技术中非结构化数据处理的难题

如何分析、挖掘教育大数据，从中提取出有价值的信息并根据这些信息帮助决策者做出决策、优化学习，是教学者在教学过程中最关心的问题。学习分析技术是大数据在教育中的重要应用之一，学习分析技术能够挖掘学习者在学习过程中产生的数据，进而优化学习者的学习，帮助教学决策，为每个学生量身定制个性化教育方案。随着移动设备和移动互联网技术的普及应用，教育数据呈现大幅度增长的焰势，其间产生了大量的非结构化数据，而这些数据很难被计算机处理和理解，如何更好地使用这些非结构化数据是目前学习分析所面临的最大技术挑战。而基于与计算的大数据应用对非结构化数据的处理就显得

容易了许多，因此大数据技术可以为学习分技术中非结构化数据的处理提供技术解决方案。

第二节 大数据对高教管理的重要作用

一、改变了高等教育管理理念

教育部在《教育信息化"十三五"规划》中明确指出，要求高等教育学校响应国家号召，积极建设校园数据网络平台，将学校生源信息、课程规划、教学资源以及教师执教能力等信息统一纳入学校数据库中，通过大数据技术实现高等学校教育信息化管理，进而提升高等学校的教育管理水平。目前，绝大多数高等学校已经意识到大数据技术的应用作用，运用大数据进行教育管理，改变传统以学校为中心的教育观念，全面收集学生及家长的意见，推动高等学校教育管理思维不断发展。

二、提升管理的精准度

在大数据背景下，进行高等教育管理模式的改革和创新需要充分发挥大数据技术的优势来保证实际工作的有序性，大数据技术的广泛应用，有助于提升管理的精准度，这主要是由于在大数据背景下一些信息的来源和途径逐渐朝着多样性的方向发展。如果工作人员仍然用传统的工作模式来进行高等教育管理的话，那么实际中的问题是比较多的，在这一背景下，为了提高实际工作的效率和精准度，要充分发挥大数据技术的优势，给实际工作起到一个重要的支撑和引导作用。通过大数据技术，不管是在注册学生档案信息上还是成绩事务方面都是非常便捷的，再加上大数据技术在信息收集方面有着较强的实力，能够对一些关键信息进行科学而快速的提取，在决策的准确性上都是非常高的。这在一定程度上有助于提高信息处理的效率以及水平，因此在实际工作的过程中要加强对大数据技术的有效应用，提高实际工作的效率。

三、提升高教管理方案的科学性

在高等教育管理工作中运用大数据技术还有助于提升方案的科学性，保证实际管理模式的不断完善和调整。部分高校领导层在针对学生教育问题进行决策时，容易受到主观因素及个人能力水平的影响，使决策缺乏合理性，不利于高校教育发展。而应用大数据构建网络管理平台，能够将学生的阶段学习表现和各专业考试成绩以图像或者数据的形式呈现出来，便于领导层人员分析学生的学习情况，做出科学有效的决策。同时，利用大数据统计学生在学习实践中的获奖经历，结合学生的考核分数，制定奖学金考核标准，有助于完善高校的教育激励制度，学生也可以通过校园网络平台发表自己的看法或意见，调动全员参与决策的积极性，提升教育决策的科学性与民主性。

工作人员可以结合师生之间的需求以及社会对于高等教育管理的要求来建立与之匹配的管理制度和模式，并且开展具有针对性和全面性的服务管理工作，从而使高等教育管理模式能够实现有效的创新及发展。在大数据背景下更加注重个性需求的满足，因此在实际工作过程中，工作人员利用大数据技术进行相关资源的有效整合，并交由专业管理机构进行有效处理，再配合大数据技术的分析功能，有效地提高信息收集效率，这样一来就可以多方位地了解师生对于高等教育管理的需求，对管理模式进行完善和调整，凸显人性化的管理模式。另外，通过应用大数据处理还有助于实现教学资源的有效获取及搜集。教师可以通过大数据技术来获取自己想要的教育信息，从而给实际工作起到重要的辅助和参考作用，教师在收到这些信息之后，可以对实际教学活动和教学模式进行科学的调整，从而使大数据的使用效率得到有效提高，并对现有的教育资源进行调整，以满足各个方面对于教育资源的需求。

四、提高工作的效率

在实际工作的过程中运用大数据技术，能够有效地解决存在于传统工作模式中的不足之处，使实际工作效率和质量得到有效提高。首先，在实际工作的过程中，大数据技术能够使教育管理的决策变得更加科学和有效。大数据技术的应用，能够让工作人员转变自身的工作思路以及工作观念，不再是简单地对数据进行判定和收集，而是根据实际情况利用大数据来进行数据的整合，整个工作过程是非常便捷的。另外，工作人员还可以通过网络技术对发散性的教育行为进行搜集和整理，作出最佳合理的判断，从而保证实际教育工作水平的提高。其次，在实际工作的过程中，网络教育管理的操作性是比较强的，可以充分了解学生的学习需求以及学习兴趣，大数据技术也可以辅助学生的日常学习，为学生提供丰富的在线学习资源，并且大数据技术还可以对学生的学习需求进行多方面的研究，秉承因材施教的教学模式和以人为本的教学原则，加深学生对相关知识的印象，为学生的发展提供广阔的平台和空间。最后，在实际工作的过程中，管理人员可以利用大数据技术对学生的身份和教师的身份进行有效调整，教师要更加尊重学生的个性发展，对学生进行身份性的转换和调整，以尊重学生主体地位为主，来开展相关的教学活动，这样一来不仅可以实现实际教学活动的有效优化，而且有助于培养学生的学习兴趣和学习积极性。另外，在大数据技术的支持下，教师可以开展灵活多样的教学活动，以保证实际教学和教研活动的有序进行。在大数据平台中，各个学科和不同年级的教师，也可以进行广泛的沟通和交流，共同为高等教育管理模式的优化建言献策，从而提高高等教育管理模式的应用效果。

五、促进高教信息化建设

众所周知，大数据具有网络开放性和资源共享性功能，各所高校在教育管理过程中利用大数据技术加强与各个部门之间的信息联动，可以促进高校之间交流，通过网络建立学校与企业的合作关系，真正落实校企合作的教育模式，有助于高等学校整合教育资源，提高教学质量和教育管理效果。同时，高等学校应用大数据技术升级学校教育平台，可以突破教育管理局限，对学生进行全方面及全方位的教育与管理，实现跨区域人才培养的教育目标，进而缩小地区教育发展差距，加快推进我国教育改革发展进程。

目前我国高教信息管理工作的完善程度不高。首先主要表现为学生的各类信息融合度低，不利于实现个性化教学目的。其次，教师的身份认证平台信息的汇总能力较差，无法起到监督管理作用。其次，由于传统信息汇集的难度较高，高校难以实现宏观调控，不利于高校的长远建设。而在大数据时代下，技术的兴起也带动了教育行业的发展。例如，大数据的涉入可以对学生进行动态化的关注，并对学生在校情况做充分的了解，包括学生的餐卡消费情况、学生借阅电子书的数量和情况。综合以上信息，教师能够进一步掌握学生的个人情况，实现动态化的关注及个性化的引导。同时，大数据系统还可以对教师的教务上课情况、经费执行情况进行监督管理，并将其与教师的绩效、评优结合，激发教师的工作热情。

六、提高高教教学质量

传统的教学管理工作主要依赖于教师，使得部分教师按照自己的教学规划落实教学任务。但其决策的科学性和有效性在根本上难以保证，很容易与实际教学任务发生偏差，不利于学生个人的发展。而在大数据的应用下，教育管理机制、教育考核评价机制都发生了巨大的改变。例如，新型教育考核评价机制的建立，实现了传统教育管理模式向数据化管理模式的转型。大数据能够为评价机制提供科学的数据支持，以实现评价方案的有效筛选。

以往教学方式以课堂教学为主，这种传统的教学模式容易受到时间和空间的限制，但运用大数据技术建立网络课堂，如借助网络平台开展线上微课教学，不仅为学生学习提供了便捷，也创新了教学手段，以现代化教学方式吸引学生的学习兴趣，使学生发挥主动性，积极投入问题探索中。

七、普及优质教育资源

大数据时代来临，使传统高等教育模式发生巨大变化，无论是在教育信息的整合上，还是教学模式上都有了新的突破口。大数据技术不断发展，为学生提供了许多空间学习资源，学生利用学习平台进行学习，可以自主选择并整合学习资源，能够使学生接触更多知识，拓展学生的知识视野，引导学生逐渐养成良好的学习习惯，改善当前高等教育教学进展困难的局面。

随大数据时代的来临，教育过程中的计算机应用越发广泛，基于每一个受教育人员的知识储备、理解能力有所差异的特点，可以在大数据背景下为被教育者提供以需求为导向的课程选择教育模式，针对一些相对偏远地区的学校，学生也可以在大数据背景下，充分地获得高校优秀教师、行业企业知名专家的指导，获取充足的知识源，即基于大数据技术可以将优秀的教育资源向更加偏远的区域普及，使高等教育水平整体上升，有效弥补传统教育受到的地域限制、社会经济限制造而成的教育资源匮乏的缺陷。

传统的教学模式，对于时间以及空间的限制性很强，导致高等教育的受众有限，而在大数据时代的环境下，打破长久以来高等教育管理模式的局限性，顺利实现了跨区域人才培养。而且大数据还能够把世界上所有与互联网相连的高等学校的教学资源，统一化、规范化地罗列出来，实现了教育资源的共享，不但有效地缩短了不同院校的距离，而且还能够对各个地区中高等教育的不足之处，进行相互的补充与学习。以世界闻名的美国伯克利大学以及普林斯顿大学为例，这两所高校采用协议的形式来构建一个平等、共同的教育平台，而且在这个高等教育平台上，将各专业课程以及所有教育资源免费向大众开放。也就是说，无论身处何时何地，都可以通过互联网计算机接受教师的课程教育，还可以对于课程内容提出不同的见解和看法。不但可以使广大学生高效利用时间资源、空间资源，还为他们提供一个与众不同的学习平台，有效提高学习的学习成效。

八、教育过程具备了更大的灵活性

在传统教育模式下，学生在单一的课堂教学模式下，很难起到较好教学效果，但随着大数据时代的降临，加上众多高校已经普遍配置的移动设备和计算机设备，这种普及性就使得教育方式有了更多的选择，能够让学生以更加多样化的方式来获取知识，教师的教学不再局限于时间有限的课堂当中，同时学生学习的范围也不再局限于课本、教材当中，教师可以在课余时间制作"微课"或"在线课程"等其他形式的多媒体教学课件，让学生可以在课堂上、课前与课后利用多媒体课件进行自学、复习、扩充教学知识内容，利用计算机、移动终端设备有效打破传统教学的时间限制、空间限制、地域限制有效打破，使学生在更加自由的时间、空间内，在更灵活的教育方式、学习方式基础上获取更多、更丰富的知识。

第三节　大数据时代高教管理面临的机遇与挑战

一、机遇

大数据时代能够为学生提供更多接触外界信息的平台，能够及时对校园内存在的各种隐患进行梳理，减少校园恶劣事件的发生率。同时能够建立起一个稳定的校园管理模式。例如，推出校园一卡通、手机智能终端、互联网记录等，帮助学生创造一个良好的生存与学习的空间。另一方面，大数据时代的到来能够建立起完善的数据化模型，帮助学院管理层分析学院在发展的过程中遇到的问题，以及需要改善的方向。学院管理层也可以依据数据平台进行决策，这不仅仅为学校提供了数据上的支持，而且能够帮助其有效规避经营上的风险。对于学生来说，大数据分析模型能够帮助学生将自身设立的学习目标充分细化，规划自身的学习生涯和成长计划，对其中可能出现的问题进行预测，并且提出有效的解决方法，帮助学校实现以人为本的精益化管理，从而更好地实现学院的教育目标。具体可以分为以下几个方面。

（一）大数据带来新的管理思维

传统上，不科学的管理和决策模式被戏称为"拍脑袋"，也就是说，拥有管理和决策权的主体往往会以自己的理解、经验甚至是推测，代替全面的调查和科学的判断来做出决策。自从大数据带着海量、快速、多样等先天优势进入教育领域后，"让数据说话""以证据为本"的声音便格外响亮。这的确给了"拍脑袋"一记响亮的耳光。

1. 一种决策证据

大数据时代也是"数据治校"的时代。海量的教育数据通过分析和处理转化为信息，信息再被提炼为知识，知识最终促成决策和行动。基于"大数据"制定教育决策、做出教育判断、解决教育问题应成为当代大学管理者的基本技能。从纵向来看，教育大数据包含存储基础性国家教育信息的基础层数据，存储各种教育环境、教育装备以及教育业务运行的状态层数据，存储教育过程中建立或生成的各种教育资源的资源层数据以及存储与教育者和学习者行为信息的行为层数据；而从横向来看，教育大数据既包括党政、行政部门的数据，也包括学部院系和教辅单位的数据，还涉及部分之间互动沟通的数据。如此规模的教育大数据并不是依靠采样收集而来的，而是在学校日常运行过程中被各个终端在"不经意间"记录下来的，具有时效性、准确性等特征。通过对海量教育数据的聚合、整合和及时、深入地分析，可以有效地为高校宏观教育决策科学化、微观教育决策精准化提供必要的客观依据。

高校智慧校园平台产生大量可利用数据，有助于教育管理的科学决策。利用大数据技术的高校既能把握整体方向，又能发现细小事件，构建教育发展模型可推动教育管理决策科学化。美国教育部曾采用教育数据挖掘、学习分析等大数据技术，总结出最佳教学方法和教学顺序，为学生提供有效学习服务。在大数据时代，通过搭建共享的大数据平台以有效连接信息渠道，有助于消除"数字鸿沟"和"信息孤岛"，从而实现多渠道信息集成、跨部门分工协作，促进教育决策转向基于数据的科学决策。

2. 管理效率提升

大数据对现代大学的管理不仅体现在管理决策模式上，还体现在高校管理效率的提升上。人类社会的数据生产方式大致经历三个阶段，即运营式系统阶段、用户原创内容阶段和感知式系统阶段，三个阶段分别对应着三种不同的数据生产方式，即数据的被动、主动和自动产生，不管是哪一种方式都带来管理效率的提升。目前，这三种数据生产方式在高校中都正在得到有效运用，共同构成了教育大数据的主要来源。例如，指纹签到系统、数字化办公系统、智慧教室的监控系统等。这些数据系统大大提高了管理的效率，改善了管理者和其他利益相关者的关系，有效地降低了管理过程中的人为干预，使得管理更加公平、透明。

在当今时代背景下，大数据要求汇集大学不同层面甚至不同网络平台上已经积累和正在更新的海量数据，并在凌乱、动态、非结构化的数据海洋中发现隐藏的关系，解释和预测大学管理可能存在或将要出现的问题。例如，华东师范大学结合食堂消费数据和食堂出入口人流统计的数据，运用排队论知识建立排队模型、拟合回归，从而估计出食堂所有窗口的平均排队时间，学生可以实时查询，自行选择就餐时间，实现错峰就餐。再如，高校学生管理工作的新思路——网格化管理模式，相比传统的管理模式，这种管理思路运用现代信息手段及网格单元的逻辑关联，让管理的目标对象之间可以进行数据交换和信息共享，有助于问题的及时发现和有效预知，并能够采取有效措施对问题进行处置和排解。很多大学生通过在线学习与管理平台、校园一卡通、移动智能终端（手机、平板等）、互联网行为记录（微信、微博、网络使用等）、大数据存储管理和云计算平台等产生记录他们思想、行为和情感的数据。通过分析收集到的教育大数据，学校可挖掘学生思想行为与学习情况，从而有针对性地对其进行思想教育、学习辅导等措施，避免不良事件的发生。

大数据为教育管理的现代化、科学化勾勒出美好前景，但这并不是说只有数据才是证据，也不是只有数据才能以"科学"的外衣来展示证据的力度。数据自己不会说话，如何才能将数据转化为有意义的"声音"？这是高校管理者们在看到大数据带给现代大学管理思维的影响的同时，更应该思考的问题。

（二）大数据催生新的教学生态

卡耐基·梅隆大学教育学院简介中写道："不得不承认，对于学生，我们知道得太少。"这是传统教育中教育者经常面临的困惑。2012年10月，美国教育部发布了《通过教育数据挖掘和学习分析促进教与学》（*Enhancing Teaching and Learning through Educational Data Mining and Learning Analytics*）报告，提出大数据在教育中的两大应用方向——教育数据挖掘和学习分析。对于教学而言，通过分析学生的学习行为，可以及时发现教和学中存在的问题，提供有针对性的干预，可以有效地促进个性化教学和多元评价的开展，这可能是解决传统教育困惑的优秀方案。

1. 个性化教学

为学生创造个性化的教育环境，依据学生的学习情况和个人特点开展有针对性的教学指导，是教学模式改革的必然趋势。大数据通过对学生学习行为数据的记录，可以评估学生学习的优缺点，分析学生的思考习惯，明确学生的学习风格。通过对大规模学习数据的分类、归纳，大数据可以为每一位学生量身定制一套最优学习方法。它甚至可以告诉教师哪些学习内容更容易被学生接受，哪个时间段学生的学习效率更高。实际上，过去教学中也一直强调个性化教学、因材施教，但是由于课堂教学中生师比太高以及教师凭经验无法准确分析学生学习行为等客观问题的存在，大多数高校教学在其设计之初考虑的只能是处于平均水平的学生。这种以虚构的中等水平学生为对象的教学必然会损害处在正态分布曲线两侧学生群体的学习利益。而当学习空间超越封闭的物理空间，走向虚实融合的无边界学习场域时，这一问题便会得到解决。因为越来越多、越来越细的教与学行为被网络教学和学习平台、移动终端等"真实"地记录下来，而这对教学过程和结果数据的持续采集形成的教学大数据；在被深度挖掘和多元分析后反映出的教学意义和价值，成为辅助教师进行更精准地"教"和指导学生更个性地"学"的重要参考。大数据为教育教学的变革提供了条件，翻转课堂、慕课、微课等的出现便是大数据变革传统教学的最好例证。特别是翻转课堂，以其个性化的教育，颠覆了以往的传统课堂结构，被比尔·盖茨（Bill Gates）称为"预见了教育的未来"。

2. 全过程评价

在传统的高等教育中，对学生的评价很大程度上以考试成绩为准，学生得到的往往是一种一次性的、终结性的评价。尽管这种评价模式可以有效地衡量学生对某些知识的掌握程度，但却忽视了学习的过程。学生在学习的过程中遇到哪些问题、经历哪些曲折、克服了哪些困难往往不为教育者所知。这些学习过程的细节往往蕴含更有价值的教育信息，对学生的成长和发展的重要性比单纯知识的掌握有过之而无不及。传统的评价方式与我国考试文化有关，也受到教与学信息处理的技术手段落后的限制。大数据的到来让学生学习细节的呈现成为可能，针对学习过程的形成性评价变得更加科学，针对不同学生的个性化评价也成为现实。特别是在大数据技术的支持下，包括教师、学生等每一位教育活动参与者的一言一行都可以转变为数据进行存储、加工、分析，这为实现全过程的高校教学质量评价提供了可能。大数据通过对复杂教育数据的深度分析，可以满足不同教育参与者的需要：教师可以据此调整自己的教学以满足学生的个性化需求；家长可以了解学生的具体表现和能够提升的领域，了解学校的整体教育质量和环境；学校通过数据可以分析哪些教育项目对学生的学习绩效影响比较显著。可以说，大数据让多元主体参与教育评价成为可能。

（三）大数据提出新的科研思路

作为大学的三大职能之一，不断追求科学和技术的进步是大学永恒的使命。图灵奖的获得者——著名的数据库专家吉姆·格雷（Jim Gray）曾指出大数据带来科学研究的第四范式，即数据密集型科研。在 2008 年和 2011 年 Nature 和 Science 也分别出版过"Big Data"和"Dealing with data"专刊，可见大数据已经进入科学研究的领域。大学的科学研究正在因此而发生变革。

1. 重视相关关系

几千年来，探讨事物之间的因果关系是理、工、农、医、文等几乎所有科学研究的目的，哲学家、数学家、统计学家、物理学家、医学家、经济学家大都将寻找自身研究领域中的因果关系当作一生的追求。寻找因果关系早已成为人们的一种思维习惯，但是在大数据时代，新的分析工具和方法提供了一系列新的视野和预测，使人们了解到很多以前不曾注意的联系，这都要归功于相关关系的思维方式。这种思维方式的改变势必会推动科学研究进入新的境界。例如，有学者认为大数据方法的出现推动了教育科学研究范式的转换，其中结果表达从因果逻辑转向数据相关。面对海量的数据，如果关注点仍然放在因果关系上，很多视角可能被忽视掉。在大数据时代，数据量庞大，结构类型复杂，呈现出的往往是非线性的关系，透过如此复杂的非线性关系找出海量数据中的因果关系几乎是不现实的事情，所以大数据技术为科学界提供了一条完整的新途径——科学方法逐渐从只依靠因果关系转向对数据相关性的探索。必须强调的是，科学研究重视相关关系并不意味着要抛弃因果关系，事物之间存在相关关系不一定有因果关系，但是有因果关系必然存在相关关系。相关关系为因果分析提供了基础，因果分析深化了相关关系，二者并非替代关系，不同的是因果关系将不再是意义来源的唯一基础。这明显拓宽了科学研究的思路和视野，对大学发展来说无疑是一个重大的机遇——利用大数据，改变研究思路，产出具有深远影响的研究成果。

2. 面向全体样本

美国学者帕特里克·塔克尔（Patrick Tucker）指出："当你的数据中有了足够的点，即便异常事件也可能显示出某种特征。"这说明大数据为科学研究带来大样本，甚至是全样本。小样本中的小概率事件，在全样本中可能就是正常事件。在互联网普及之前，可供科学研究的数据少之又少，获取难上加难，人们主要以抽样数据、局部数据和片面数据来推断总体，获得对社会现象的总体认识，甚至在无法获得实证数据时纯粹以经验、推测去发现未知领域的规律。由于研究中数据的局部和片面，人们对世界的认识往往是片面和表面的。随着互联网的到来，移动终端的普及，人类活动的数据被不断、实时地记录下来，可供研究的数据逐渐呈现"样本=总体"的趋势，不同领域都有机会获得全面数据、完整数据和系统数据。对大学来说，这无疑是一种机遇，这可能会催生新的研究领域和研究共同体的出现，大学很有可能在新的一轮知识创新中取得突破，在未来的技术变革和社会发展中发挥更加重要的作用。

二、挑战

美国教育心理学家杰罗姆·布鲁纳（Jerome Bruner）在《教育文化》一书中指出，心灵、文化、教育等三者之间是紧密联系在一起的。相信没有学者会否认文化在大学人才培养中的重要作用。大学以其特殊的文化氛围和精神内涵，"润物细无声"地影响着大学生精神、心灵、品性的塑造与提升。

在大数据时代，数据资源极大丰富，处在时代前沿的大学生群体本能地在令人眼花缭乱的数据海洋中捕捉着各式各样的新鲜事物，感受时代的脉动。触手可及的信息在开阔学生视野、丰富学生认识的同时，也在影响和改变着大学的文化。

（一）大数据冲击传统课堂

在当今时代背景下，手机、平板等移动终端已经不再是单纯的通信工具，更是人们学习和娱乐的工具。毫不夸张地说，通过智能手机，学生可以轻而易举地触及世界的每个角落。越来越廉价的移动终端、越来越丰富的教育资源、越来越好看的娱乐信息占领了这个时代的课堂，俘虏了这个时代的大学生，让他们成为"低头一族"。正如王洪才教授所说："智能手机是对传统课堂的全方位围剿。"面对智能手机的"围剿"，大学应该怎么办?是禁止使用智能手机，还是"收缴"所有移动终端?显然不是。仔细想来，智能手机只是一种呈现信息的工具，真正"围剿"传统课堂的应该是铺天盖地的"大数据"资源。

（二）快速更新的大数据对学生和校园文化的冲击

快速更新是大数据的重要特征和理念，它让人们可以关注到不同人物、不同事件的最新进展。快速更新的数据资源让网络变成现实生活鲜活的"直播"。"直播"以其多元、活泼、调侃、自我等特质逐渐形成一种极富生命力的网络娱乐文化，并备受大学生群体的欢迎。在当下的大学校园，"男神女神"的传播可能高过一名知名教授，"网络热剧"的讨论高过任何一场学术讲座。过去娱乐文化总是和灵感的喷发、艺术的呈现有关，但是大数据时代娱乐文化的价值取向更加混杂，甚至没有明确的、有意识的是非善恶的价值呈现。大数据的冲击造成的上述"文化"现象不但分散着学生的注意力，降低着学生学习的自主性，而且在消解着大学的精神、解构着大学的文化。这无疑是大学面临的一个巨大挑战。

（三）大数据引发学习模式的变革

大数据的出现也引发了学习模式的变革。大数据时代的知识是复杂的、海量的，是穷尽一生也无法全部掌握的，所以"学会学习、学会创造、学会合作、学会生存"已经成为新时代的教育主题。大数据时代学习资源更加丰富、学习方式更加多样、学习地点更加灵活，教师和书本不再是知识的唯一来源，传统的"喂养""灌输"式的教学方式已经不能适应社会的需求，更多的意义需要大学生自主探寻。总之，大数据时代大学的教育方式、大学生的学习方式的转变，既是一个复杂的过程，也是其不得不面临的时代挑战。

（四）大数据造成学生兴趣收集较为困难

高等教育一般是指大学教育，那么现代大学校园建设面积庞大，所以学生数量较多，同时由于大学日常管理相对自由，学生在非上课时间会自由活动，所以教师很难在课外时间便捷地获取学生兴趣，而在上课时间当中，教师不能为了收集兴趣而占用太多教学时间，所以收集效果并不良好，综合以上两个部分可见，在大数据高等教育管理实施当中，教师无论在课外、课内时间都很难有效率，且确保准确地完成兴趣收集，此时大数据高等教育管理实施就失去了应有依据，强行应用只会导致表面化现象，难以产生实际效果，此问题在当前大数据高等教育管理普遍应用中十分常见。

（五）高校教师大数据专业水平不足

在大数据高等教育管理模式当中，大数据技术是其中的核心，此项技术虽然在功能结构上比较简单，只包括数据挖掘以及数据特征学习，但这两项功能的深度较高，所以要完善应用大数据高等教育管理模式，就必须有足够的专业水平。然而在教育领域当中，大多数教师所学领域为科目专业领域以及教学技术领域，而对于大数据技术的了解并不多，所以实际操控上较为困难，在此条件下，大数据高等教育管理模式的实施无疑受到了阻碍，因此需要对此进行改善。

（六）教师教学观念不匹配

大数据高等教育管理与传统高等教育管理之间存在差异，因此传统高等教育管理当中的观念不适用于大数据高等教育管理。但因为传统教育管理实行多年，所以大部分教师的观念依旧停留在传统教育上，此时如果要实行大数据高等教育管理，就会引起观念与方法的冲突，具体表现为：传统教师难以理解大数据高等教育管理的核心观念，所以在教学当中依旧"我行我素"，继续使用传统方法进行教学，在此条件下，大数据高等教育管理的实施无疑"形同虚设"，由此可见传统教师的教学观念对于大数据高等教育管理的实施具有重大影响。

（七）教学方法简陋

在原则上大数据高等教育管理实施除了需要确保观念正确以外，还要重视教学方法，但结合上述内容（教师教学观念不匹配），说明教师观念与大数据高等教育管理存在冲突，而教师观念是决定其教学方法的重要因素，因此在观念错误的前提下，还会导致教学方法上出现问题，但传统教学方法并不能称其为"错误的教学方法"，其只是在细节上忽略了学生的兴趣点，因此说明传统教学方法较为简陋，在之后的改进当中，应当围绕大数据高等教育管理的内涵与理念进行相应调整。

（八）大数据教育运用本身存在的困难

目前，大数据技术的运用仍存在一些困难与挑战，主要体现在大数据挖掘的四个环节中，即数据收集、数据存储、数据处理和结果的可视化呈现。

2012年10月，美国教育部发布的《通过教育数据挖掘和学习分析促进教与学》报告（以下简称《报告》）提出，大数据教育应用的技术挑战主要有以下三个方面：

其一，大数据的应用基础是海量数据的拥有，这就涉及对数据存储技术，以及数据处理和分析技术的挑战，包括计算机硬件的数据处理能力、超级计算机算法技术等。

其二，教育大数据的应用，数据采集和问题解决分析是核心环节，应用开发者要面对的就是数据采集技术和问题解决分析技术的挑战。《报告》中引述受访专家表示："如果有100人投入到教育大数据的应用工作中，那么需要其中的99人投入到数据采集技术和问题解决分析技术的研究工作之中。"

其三，数据兼容性挑战，不同数据存储系统中的数据编码和格式的不统一，造成不同系统间的数据共享困难，导致这一问题的主要原因是各个系统建设和购买缺乏统一规划，无法形成统一的数据平台。

我国数据存储、处理技术基础薄弱，大数据的技术是建立在云计算的基础上的。云计算在我国还是新兴事物，从认识到研究再到推广还有很长的路要走。在大数据软件平台方面，我国落后世界先进国家很多年；就技术方面而言，教育大数据应用面临着数据收集、存储分析处理、结果可视化呈现、兼容性以及基础薄弱等挑战。

大数据教育应用除了面临以上三方面挑战之外，还面临着其他一些挑战。

其一，大数据意识、观念淡薄，数据公开与共享缺乏政策引导和制度、法律保障。正如有的学者所言："中国人口居世界首位，将会成为产生数据量最多的国家，但我们对数据保存不够重视，对存储数据的利用率也不高。此外，我国一些部门和机构拥有大量数据却不愿与其他部门共享，导致信息不完整或重复投资。"

其二，数据的可信性。全球的数据总量是由无数的数据集构成的，从数据来源分类，可分为社会数据、通过传感器收集的来自物理空间的数据和网络空间的数据。但是，这些数据并不都是可信的。

其三，数据的长久甚至永久保存可能造成过去决定未来。科学技术的发展，让教育数据的保存时间更长，并更易于提取。我们作为个人，不断地成长、发展、变化，而那些多年来收集的教育数据却始终保持不变。教育全面数据化带来的首个威胁并不是信息的发布不当，而是过去束缚人们的未来，否定人们进步、成长和改变的能力，而且目前尚无抵御这一威胁的可靠措施。大数据教育应用面临的这些挑战，有些既涉及技术方面也涉及政策制度方面，有些则是关涉数据本身的；有些是当前亟须应对解决的，有些从长远来看需要格外重视。

第四节　大数据时代高教管理的创新路径

一、增强数据化意识

在发展的过程中绝不可以因噎废食，大数据时代明显利大于弊，因此要确保学生与教师都具有网络安全意识，充分发挥大数据时代带来的优势，并且注重对个人信息的保护，尽可能地避免信息泄露，以此来保障自身信息的安全性，也保证学院管理的规范性科学性。

二、明确大数据背景下教育管理的观念

在大数据背景下，为了使高等教育管理模式的构建效果达到预期的状态以及标准，在实际工作的过程中，相关工作人员要树立正确的教育管理观念，从而给实际工作起到重要的支撑和引导作用，在实际工作中要提高高等教育管理工作的科学性和系统性来保证实际工作的有序实施。比如，在招生录职工作中，工作人员要树立大数据背景下先进的工作理念，从而利用大数据技术对繁杂的信息进行科学的处理及加工，为实际教育教学管理工作起到一个重要的支撑作用。首先，工作人员要对数据进行深入分析，全面了解数据的价值，对大数据搜集到的信息进行全面分析和研究，从而明确招生录职工作的重点以及可能存在的问题。其次，在高等教育管理模式创新的过程中，工作人员还需要运用数据来证明一些实际问题，利用招生录职工作中的相关数据来了解当前高校的发展方向以及在发展过程中经常存在的问题，对课程设置和专业设置进行适量的优化和调整，从而更加贴合高校当前的发展现状及目标。通过大数据技术的应用构建资源精细化和现代化的管理模式，从而使高校的教育管理综合水平得到有效提高。在大数据系统构建的过程中，还需要保证数据资源的科学性，防止一些招生录取信息出现泄露，工作人员也要加强安全技术的有效运用，从而保证信息资源管理更加稳定和安全。

三、建立大数据系统

在大数据背景下的高等教育管理模式中，推动教育管理的信息化是非常重要的，不仅有助于提高高等教育管理的水平，还有助于促进高校的稳定发展，但是一些高校在进行信息化管理系统构建的过程中，出现了资金不足或者设备落后的问题，严重影响了系统构建工作的有序进行。对于这种情况来说，在实际工作的过程中，需要以高等教育管理的主要工作目标为主来进行大数据信息系统的有效构建，利用教育体系和大数据进行相互融合，设计出科学、有效的高等教育管理信息平台。学校应对内部已有的资源进行深入分析和研究，提出个性化的系统结构，并且聘请专家学者对结构不断地进行完善和调整，在对分散信息工作进行处理时，要将这些信息充分纳入系统平台中。这样一来既可以保证系统建设的兼容性，还可以为后续的维护以及更新提供重要的技术支撑。

最后在实际工作中，高校需要根据物质资源的管理理念融入完善的数据整理系统，加强对数据的采购能力，从而使数据资源整理的吻合性能够得到有效提高，对数据资源进行全面优化和调整，保证所构建的管理系统能具备时效性。

大数据时代极大地保证了数据的信息有效性。因此，许多数据仓库架构的建立采用数据库和映射归纳模型并行的方式。映射归纳模型应用在大数据中，其操作功能实现节点的可靠性，因此，为加快高教教育管理工作，应建立并完善大数据系统。高校领导应借助当前校园信息化建设，完善学生学习信息资料，建立起以数据为中心的管理体系，通过数据评价和相应的决策机制，完善高教教育管理工作。高校领导在强化数据体系应用教学的重视程度的同时，也应该保持对其的清晰认识，找出数据及数据对象之间的关联，加强数据分析能力。同时，高教大数据系统的建立还需要相应的预警机制作用，以实现对异常信息的筛选，以保障学生的健康成长，营造良好的教育环境。其功能的具体表现包括日常监督管理及相应的防治措施。学生日常的监管工作，需要对学生的心理状况、精神状态及健康水平进行测试，建立相应的电子档案。按照学生的身心健康状况进行合理调整，并设定临界值，在动态化监管的过程中，达到高教教育预警效果，方便教师对学生的状况及时了解，及时解决问题。

结合大数据技术所创建的数据管理平台，打造一个新型的数据管理模式，对学生进行动态的管理，根据学生自身的特点设置不同的教育方法，以数据信息为支持，有效地引导学生向着正向方向发展，从而实现学院的最终教育目标。

四、打造专业性的师资团队

为了保证高等教育管理模式能够实现现代化的转型，就要充分发挥大数据技术的优势，使其在实际工作中起到重要的支撑和引导作用，在进行高等教育管理模式的创新和转型时，要打造专业性的师资团队，从而保证实际工作的有序进行。相关负责教师需要提升自身的信息技术操作能力和大数据操控能力，树立完善的数据管理意识，保证实际工作的科学性。在进行高校师资团队建设时，要分为两个模块，第一个模块是负责教学的教师团队，另一个模块是负责数据分析的技术型团队。管理人员要从这两个方面入手，积极地进行师资团队的有效建设。为了构建数字化的专业师资团队，要让高校的教师了解大数据的知识，深刻认识到在大数据背景下进行高等教育管理模式创新和改进的重要作用，使教师可以利用大数据的观念和手段开展各项工作，提升实际的工作效率以及工作水平。另外，高校还可以组织教师融入教学改革工作中，充分发挥大数据教学系统的优势，对信息资源进行多方位的搜集及反馈，从而实现教育管理模式的成功改革和创新。最后，在实际工作的过程中，高校要重点培养大数据专业的高素质人才，可以和企业建立有效的合作，让教师到企业中进行全面学习，促进教师数据分析能力和大数据操控能力的有效提高，从而使高等教育在大数据资源的有效利用背景下实现应用型教学的有效改革。

五、完善管理模式

教师在对学生进行管理的时候，要注重对学生心理的引导，注重对文化的传承和创新，同时对学生进行细化管理，以学生为主体，照顾到学生的心理变化，为学生建设一个积极向上的学习精神，保证其心理生理健康发展。

六、实现大数据的多维利用

为了更好地将大数据时代的优势充分地发挥出来，并且将劣势降到最低，教师管理团队必须对各种数据处理软件和新型设备进行良好的应用，因此学院可以展开培训，建设一个完整的培训体系，帮助教师积累自身的理论知识，培养其技术水平，以此来提高对数据技术的应用程度，构建一个智能化、自动化的管理模式，这样不仅能够提高教育的效率，同时还能够保障学生在学习的过程中，充分发挥自身学习的主观能动性，以此来实现学院对人才培养的最终目标。

大数据的多维利用体现在两方面，包括利用大数据的预测效能、数据共享体系及数据个性化教学，来提升高教教育管理工作的发展。目前大数据应用能够对学生的需求、教学状况及教学决策的制定进行有效分析。同时大数据系统还为学生、教师、管理工作人员，提供舆论监督平台。可以匿名发表自己对教学工作的看法及举报管理工作中的诟病。并筛选教育舆论中的流行观点，即时对舆论进行引导，对不良舆论进行疏通和管理，同时也需要实际考察管理机制及体系中的问题，即时采取积极的应对措施，提高大数据的预测效能。数据信息的共享，即实现个体数据信息的共享。信息共享包括高校内部信息共享和高校联合信息共享。例如，为实现高校之间的紧密合作，相关教学资源及新型教学管理模式的分享是极为必要的，也能够促进整个教育行业的发展。另外，校内信息的共享，能够保证校内学术、教学进度的交流，以保证工作的协调性和一致性。利用数据的差异，实现个性化教学。目前，我国综合素质教育工作取得了明显的效果，但学生个性化的教学还处在摸索发展阶段。和国外个性化教学体系相比，我国个性化教学体系并不完善。个性化教学思路在实际教学中的应用较少，流于形式。但大数据系统为人们提供了学生个人发展的全面信息，包括学习状况、学习能力及兴趣爱好，而这些数据为我国高教教育改革提供了理论依据。

七、优化学生兴趣收集方法

在大数据技术条件下，教育单位可以结合网络技术设计学习平台，平台的主要功能在于：在课外时间给学生提供教育、娱乐等资料，资料的形式可以为图书、视频等，此举目的在于满足学生在课外时间的兴趣需求，在学生兴趣需求被满足的条件下，会提高学生对平台的使用率，那么在学生使用平台的过程当中，其操作行为是随着自身兴趣需求而定的，此时大数据技术即可根据每个学生的操作习惯，获取到学生的兴趣，并借助自身的挖掘功能，得到学生兴趣的延伸应用，最终将结果反馈至教师即可，这一过程并不会与其他行为发生冲突，所以可以确保其顺利开展。此外，为了尽快增加平台在学生群体中的普及程度，教师可以在教学末尾进行简单的宣传，以有利于平台的推广。

八、提高大数据专业水平

要提高大数据专业水平，本文建议采用培训方法来实现，即依照大数据技术的应用特点，制定相应的培训内容，之后再选择受训人员进行培训即可，但介于大数据的专业水平要求以及学习难度，本文建议培训的内容可以相对简化。例如，针对上述平台应用，可以围绕该平台功能进行培训，这种培训内容主要包括平台功能，而功能内容基本是固定的，只要学会操作即可，因此实现了简化目的，同时借助培训也提高了教师大数据专业水平。

九、强调先进教学观念

在现代教育改革背景下，传统教育观念已经到了被淘汰的边缘，因此为了实现大数据高等教育管理，需要强调先进教学观念。具体方法上，同样可以采用培训方法，但在培训内容上需要进行调整，即为了体现传统教育观念与先进教学观念的差别，可以通过案例法举例进行培训，根据案例中学生课堂反应、作业正确率、测验成绩的对比结果，可直观表现出先进教学观念的优势，此时就提高了教师对先进教学观念的重视，潜移默化地实现了先进教学观念培训。

十、改善教学方法

介于上述分析，可以充分说明传统教学方法的弊端，因此在大数据高等教育管理条件下，应当对传统教学方法进行改善。具体来说，借助上述平台应用可以获取到学生的兴趣点，那么围绕各兴趣点的特征，可以有许多延伸性的发展。例如，某学生喜欢运动类的信息，那么可以在教学方法上，围绕运动信息的特征来设定教学内容，此时因为符合学生的兴趣点，学生会更愿意理解这样的题目，相应通过做题也实现了教育目的，说明这种教学方法符合先进教学观念的要求，可以投入到大数据高等教学管理当中。

第五节　高教管理中大数据思维的运用

一、创新管理制度

要保证高校教学管理工作大数据运用的效果，需要规范有关工作制度，提升执行的效果。管理制度中涉及的人员招聘制度、培训制度、监督制度、考核制度、激励制度、岗位划分与标准等，有效地提升管理工作的有效性。管理制度本身就具有一定的引领作用，发挥无形的管理之手作用。依据实际情况设计制度，要认真地执行制度内容，由此来提升制度的权威性，避免制度流于形式。制度设计需要参照本地实际情况，了解现有资源与大数据运用的能力，由此保证制度设计的合理，避免过于严格导致工作人员的反弹情绪，同时也避免制度宽松的流于形式。必要情况下，需要让制度依据实际情况做灵活调整，保证制度的先进性。

大数据对于学校的教育来说影响越来越重要，因此要再通过大数据来提升教育管理制度的创新性，就要与外界不断联系，通过大数据的信息将高校的活动进行创新。要组织有利于学生发展的培养能力的创新活动，帮助学生取得更好的成绩，给学生物质上和精神上的奖励。要制定相应的教育管理制度的文件，将教师的创新活动的付出转换成酬劳或者奖金的形式，这样可以有效地激发教师的能动性。主动参与创新的活动，吸引学生参加。在管理的机制的创新上，对学生进行创新评价考核。在考试的制度上进行创新，要使用科学有效的方法。将考试的形式进行多样化处理和个性化处理，要使用计算机软件对学生考试内容和难易程度上进行评价，建立电子档案，方便数据分析。考试过程中要针对课程的重要性，课程的作用以及知识类型进行全面的分析，并对学生进行有针对性的考核。要分为笔试考核和考试考核的内容以及实践考核的内容，这样能够全面地发展学生的创新能力、实践能力。培养个性化的人才，根据学生的学习的侧重点不同，学习的方法不同、掌握的技能不同，也要采用不同的评价方法提高，以发挥学生的潜力，同时，对学生掌握知识的情况进行实际的评价、全面的分析。

二、注重数据的采集、筛选、对比分析运用

在高校教学管理中，会通过专业的教学管理系统支持管理工作的开展，有关教学系统中涉及大量的课程安排、校园卡使用信息、学习成绩、课程信息、师生信息、教师课程状况等，可以充分做好信息的筛选、录入、总结分析。对于信息需要做好严格的录入管理，保证信息录入的准确性，由此为后续大数据运用的有效性做基础。部分信息通过公开的方式来验证其准确性，发挥大众检查的效果来校正数据信息。同时要保证教学管理系统自身功能的多样性，能够有效将数据信息做整理分析，观察有关信息变化情况。例如，教师的课程安排情况，可以作为教师工作考核的数据来源。学生的成绩考核情况可以作为教学水平以及学生学习情况的观察。此外，在校园网络平台上，还可以提供多种公开课资源，通过平台上的点击量来观察当下师生更关注的课程内容，甚至由此来做基础来打造校园的精品课程，提升学校教学资源的价值。这些都可以通过互联网大数据做有效观察，甚至通过平台上师生广泛留言互动来更好地了解人们的想法，保证教学工作的良好沟通互动，避免信息闭塞，保持开放的教学姿态，让教学工作能够与时俱进，避免闭门造车。同时，学校要设立专业的信息管理部门，做好信息管理的指导与监督，保证大数据运用的有效性。

三、保持信息的互动共享

在信息资源运用上，要打破信息孤岛，让信息得到互动共享，这样才能有效地促使信息的整合利用，同时发挥信息的实际价值。在各方面的信息中需要做好整合运用，避免过度分散导致的信息不集中与信息浪费。信息化管理也需要不断升级，依据实际情况将不同业务与不同部门的信息整合到一起，同时将系统对数据的采集的分析运用能力更强，能够更好地保证信息采集的丰富性和准确性，促使有关数据分析功能的多样化，由此通过多种侧面去观察大数据

的价值。部分数据容易闲置在少数工作人员手中，从而导致资源的闲置浪费，需要积极地提醒工作人员上传数据，依据不同的需求做好不通过的功能扩展运用。例如，有关课程视频资源，部分人员将课程视频资源录制后没有做上传分享，导致资源闲置而无法有效利用。对于这种情况，需要及时地做好工作监督，保证资源有效的整合分享，促使后续资源价值的开发。

四、注重专业人才队伍的建设

要为学校教学管理工作大数据管理应用提供专业的人才队伍，学校可以在学校内部建立信息管理部门，开发有关数据系统软件，维护日常的系统安全与秩序，也可以依据情况将部分业务外包给社会上专业机构，有效地确保工作开展的专业性，减少人才引入的编制压力。具体的处理，依据学校自身情况而定，保持处理因地制宜地展开，避免笼统一刀切导致的资源过多消耗或者管理成效不佳。同时，要注重学校师生人员的指导教育，让其更好地习惯大数据管理思维，及时地上传信息资源，反馈情况，合理运用大数据平台资源，保证资源的合理运用开发，同时自觉维护信息安全，避免危险操作导致的系统风险。对于人才队伍的建设，需要做好工作监督考核，而后依据对应的情况做好激励措施来调动工作人员的积极性。

第四章 "以人为本"理念在高教管理中的实践

目前，我国高等教育的发展处于竞争激烈的经济全球化和教育多元化社会环境中，还面临着全球范围内新技术革命的冲击。同时，由于国内市场经济迅猛发展，社会各界对人才的要求有了根本性的变化，在这种情况下，就需要对高等教育管理制度进行有针对性的改革和创新，以适应新形势下各方的不断变化着的需求。高等院校的教育管理制度的改革和创新不仅涉及面广，还是一个不断发展和完善的动态过程，因此，需要人们根据形势的变化，深入分析存在的问题和挑战，不断地坚持探索，深化改革和创新，建立一种适合世情、国情、校情的弹性化教育管理制度，并在实践中不断地进行完善，以推动我国高等教育事业的长足发展。近年来，随着教学体制的改革，高等教育也在逐渐优化，并在这方面取得了显著的成果，但目前仍有一些问题没有解决，尤其在"以人为本"方面欠缺良多。本章分为"以人为本"理念的内涵、高教管理融入"以人为本"理念的重要性、高教管理融入"以人文本"理念的途径、"以人为本"理念下高教管理的模式设计、"以人为本"理念下的高教管理制度五部分。

第一节 "以人为本"理念的内涵

"以人为本"的"人"，从广义的角度来讲，是指拥有独立人格和个性的一切个体。在建设中国特色社会主义的旗帜下，"以人为本"的"人"，就是"人民"。习近平指出："人民是历史的创造者，群众是真正的英雄。人民群众是我们的力量源泉。"

在历史上和现实中，对于"如何实现以人为本"的争论从未停止过，自古以来，无论是对于一个国家还是一个政党而言，人民都是攸关生死以及兴亡的关键问题和重要因素。要理解"以人为本"的内涵，首先要对"人"这个概念进行正确定义。

一、马克思主义理论中的人本思想

"人"在马克思主义理论中占据着十分重要的地位，它主要可以分为本体论、价值论和历史观三个方面。

首先，在本体论方面，卡尔·马克思（Karl Marx）将实践作为人的存在方式，人在实践中展现并且完成自身。人从"抽象的人"转化为"现实的人"，这也是马克思研究实践问题的立足点。在《关于费尔巴哈的提纲》中，马克思对此进行了论述，指出这是他与包括路德维希·安德列斯·费尔巴哈（Ludwig Andreas Feuerbach）在内的一切旧哲学的不同之处，人并不是抽象的类存在物，也不是孤立的个体，而是现实的社会存在物。虽然费尔巴哈看到了人的生物性、生理性和心理学等自然属性，但他撇开了人类历史进程，没有从人的具体的历史生产条件下和社会实践活动中考察人的特性，而只是将人当作感性的存在物，当作抽象的类存在来看待，使"现实的个人"所具有的社会历史性和丰富的个性都蜕变为思想王国的理论规定，成为一成不变的理论预设。

其次，在价值观方面，马克思的人的学说包含有明确的价值定位，他将人的自由而全面的发展作为社会以及人的发展的最高价值目标，而共产主义的理想也与人的自由而全面的发展紧密相连。在《德意志意识形态》中，卡尔·马克思、弗里德里希·恩格斯（Friedrich Engels）就指出"人的自由而全面发展的实现与社会的解放是同一个进程"。只有随着物质条件的不断发展，在共同体中人的交往得以横向扩展和纵向深入，在历史发展的进程中，在现实的物质生产过程中，只有实现人的自由发展，社会才能得到全面发展。这里的"共同体"，不是资产阶级社会中所谓的虚假的共同体，其发展与个体的自由发展并行不悖，是人与社会的一个和谐存在体，也是人真正实现解放后的一种社会存在样态。当下，人们还处在生产力不断发展和物质财富积累的过程中，劳动对于个体来说，是谋生手段而非自身自由状态的展现方式，人的劳动及其他各种能力都处在一个有待发展完善的状态，个体间的交往方式和交往关系都在改变，人与社会仍存在各种对抗的因素。但是人们不能逾越这个发展阶段，因为正是这个阶段的发展孕育了新的条件、新的契机，也为人和社会的自由全面发展奠定了坚实的基础。

最后，在历史观方面，人的自由的、全面的发展与社会历史的发展是一致的。从马克思主义哲学的观点来看，生产力的发展是历史进步的决定性因素，人作为社会发展的主体，成为生产力发展的动力。因此，马克思认为从事实践活动的人创造人类历史，人的实践活动是构建世界历史的动力，在这个过程中，人既是"剧作者"，又是"剧中人"。"现实的个人"是物质生产活动的前提和参与者。个人在现实的生产活动中实现和发展自己，同时也在这种生产中产生出与他人和社会的关系。可以说，劳动产生出个体自身的存在状态及其与他人的社会关系在第一个社会形态中，由于人与人、人与自然之间的狭隘关系，人们只能进行满足衣食住行等最基本需求的生存活动，进行维持生命所需的最简单的物质交换，必然影响人的全面发展。而进入第二大社会形态，伴随着分工的不断发展，个体的生产活动逐渐削弱了对血缘和地理环境的依赖，独立的原子式的个人，其活动范围不断扩大，与此同时，个体对于物的依赖性也在不断增强。马克思认为，从第一个社会形态到第二个社会形态的过渡是必然的，而且是随着交换以及分工而必然发生的。在这种社会形态里，个人的活动范围有所增大，个人能力也有所提高，在一定程度上较第一个社会形态有进步之处。但是，这种社会形态，由于资本主义对财富追求的目的以及投资分配的原则，仍然不能实现人的全面发展。因此，要实现人与社会的自由全面发展，就要诉诸第三个阶段。马克思并没有具体描述在人类最终实现解放的共产主义阶段，社会和个体以怎样的方式实现自身的管理，但他向人们展现了这个理想的发展蓝图。

在这样的自由人联合体中，人的劳动是展现自身丰富个性的方式，个体有充足的时间来实现自身想要的发展，而不是被桎梏在谋生劳动中。闲暇时间成为衡量发展的一个尺度。人们之间依附于物的关系被真实的个体关系所取代，人与社会的对抗性也被消解掉了。发展的理想状态在这一阶段真正得以实现。

二、科学发展观的"以人为本"

按照马克思主义的基本观点，人总是具体、现实的人，而不是抽象、虚幻的人。具体、现实的人总是存在于一定的时空之中，存在于每个时代及个人的实际生活过程和活动中。在社会形态的不同历史阶段，不同时空中的"人"有着不同的、具体的内涵。在我们所处的社会主义初级阶段，我们党立足于肩负的特殊历史使命所提出的"以人为本"思想，实质上就是以最广大的人民群众及其根本利益为本。

可以从以下四个方面来理解这个问题。

（一）人是不同于纯粹自然界的且不同于自然界中其他生物的 "类"的存在物

按照辩证唯物主义和历史唯物主义的观点，人是自然界演化到一定历史阶段的物质运动的特殊形态的产物，是肉体的、有自然力的、有生命的、现实的、感性的、对象性的存在物，是唯一由于劳动而摆脱纯粹动物状态的"类"的存在。人是类存在物，首先是人把其他物的类及自身的类当作自己的对象，即从客体的方面来理解，同时又把人的自身当作普遍的自由的存在物，即从主体的方面来理解。广义的自然界中，包含人类在内，并且还包括宇宙中极有可能存在的其他高级生命。但狭义的自然界并不包含人。从实践领域说来，狭义的自然界是人的生活和人的活动的一部分，是人为了生存繁衍而必须与之处于持续不断地交互作用过程的、人的无机的身体。这样，人便作为不同于纯粹自然界并且不同于自然界中其他存在物的"类"，从狭义的自然界中独立出来并发展着。

任何历史记载都应当从这些自然基础以及它们在历史进程中由于人们的活动而发生的变更出发。劳动这种生命活动、这种生产生活本身，把人同动物的生命活动直接区别开来。马克思指出，人的类特性就是自由的、自觉的活动。这种具有自主性质的活动本身创造了个人自主活动的条件。在这个过程中，人始终是能动的、现实的；人既是认识世界和改造世界的主体，同时与作为客体的自然界一样，也是被认识和被改造的对象。所谓世界物质统一性在社会的历史演变中，即表现为人通过认识和改造自然的实践活动与自然相互依存、相互作用。

把"以人为本"作为科学发展观的核心，就是把马克思主义关于人与世界的物质统一性，以及人具有自觉意识和主观能动性的基本观点，贯穿于社会发展论之中。一方面，它突出了人的主体性，表达了自觉的人的含义，集中体现了人类能够在把握社会历史客观规律的基础上推动社会发展并实现自己的最终目的，这正如列宁（Lenin）所说："世界不会满足人，人决心以自己的行动来改变世界。"另一方面，它肯定自然界不依赖任何意志而存在，广义的自然界作为人类赖以生存和发展的基础，是包括人类社会在内的客观存在，是哲学存在论意义上的"本体"。这与认识论意义上的物质是本原，精神是派生的基本观点不仅毫不矛盾，而且有着本质的内在联系与有机统一。正是在这个意义上，"以人为本"既强调了作为客体的自然界的优先性地位，包括作为主体的人在改造主、客观世界的实践活动中所受到的自然、社会历史规律的制约与限制，又强调了在历史发展进程中的人的主体性、能动性，突出了人是对自然界以及对人类自身认识与改造关系上的决定性力量。

（二）人是由全部社会成员组成的集合体中的"每一个"个人

当然，人作为直接的自然存在物的"每个人"中的"每一个自我"的存在，只具有一定的偶然性；但作为类存在物中的每个偶然性存在着的人的集合体，则是物质运动到一定历史阶段的必然结果；有生命的偶然性存在着的一个个"个人"，则开辟出人作为不同于其他生物的类的必然性存在的道路。从一定意义上讲，没有一个个有生命的个体，也就没有整个人类、人类社会和人类历史；但人的普遍性存在方式，则是现实的个人以及他们的活动和他们的物质生活条件。在《共产党宣言》中，马克思、恩格斯这样描述未来理想社会："代替那存在着阶级和阶级对立的资产阶级旧社会的，将是这样一个联合体，在那里，每个人的自由发展是一切人的自由发展的条件。"马克思阐明了"每个人"与"一切人"的历史规定性及其实现条件。这里"每个人"与"一切人"的关系表明，不能用一个抽象的、虚幻的"一切人"作为前提，来掩盖阶级统治的真实意图。只有每个人都能自由发展，才可能有一切人的自由发展。而历史上那种"虚假的共同体"正是假借集合体的名义剥夺多数人的自由。共产主义和所有过去的运动不同的地方在于，它第一次把一切自发产生的前提看作是历史的创造，消除这些前提的自发性，使它们受联合起来的个人的支配。正因为如此，"建立共产主义实质上具有经济的性质，这就是为这种联合创造各种物质条件，把现存的条件变成联合的条件"。马克思、恩格斯正是从人的自由而全面的发展的角度来界定共产主义的本质特征的。在这里，马克思、恩格斯强调的是作为个体的"每一个人的自由发展"。

一般的人权理论，都认为社会的每一个人的人权都包括应然人权（道德意义上的人权）、法定人权（法律规定的人权）和实然人权（实际享受到的人权）这三个层次。社会上每个人都应具有与生俱来的、平等的、不可剥夺的甚至一般情况下也是不可以转让的道德意义上的人权，亦即应然人权。但由于社会经济、文化等发展的制约，由于经济、政治等不平等制度的存在，往往每个人所享受的应然、法定、实然这三个层次上的人权的内容在实际生活中是分别依序递减的。马克思深刻指出："在这个直接处于人类社会实行自觉改造以前的历史时期，实际上只是用最大限度地浪费个人发展的办法来保证和实现人类本身的发展。"但历史演进的趋势，社会发展的总体方向，则必然是社会每个成员所享受的应然、法定和实然人权的高度一致。我国的宪法中增加了尊重和保障人权的条款，这表明了我们党和国家对社会全体成员负责，最终促进每个人的自由而又全面发展宏伟目标的承诺。从人权的角度来看，"以人为本"中的"人"指的应是受我国法律保护的一切社会成员，是这一切社会成员中的"每一个"个人。这就是说，我们不能仅把"无产阶级和最广大的人民群众"范畴之内的人当作具体、现实的人，而把"无产阶级和最广大的人民群众"范畴之外的人当作抽象、虚幻的人；若如是，则会使无产阶级这一人类历史上最先进、最革命的阶级有了本阶级的一己私利，从而失去无产阶级最终解放全人类的大目标。所以，我们所讲的尊重和保障人权，还包括尊重和保障各种罪犯尚未被剥夺的、依法享有的那部分人权。社会中作为个体的每一个人，不能仅把"自己"当作具体、现实的人，而把"别人"当作抽象、虚幻的人。若如是，则会出现"个人至上至尊"的"个人英雄主义"或自私自利"极端个人主义"。现在党中央提出，更多地关注困难群体，把广大人民群众的切身利益摆在更加突出的位置，使经济发展成果更多地体现到改善民生上，尤其要注重优先发展教育，实施扩大就业的发展战略，深化收入分配制度改革，基本建立覆盖城乡居民的社会保障体系，建立基本医疗卫生制度，这体现了党在我国经济社会发展的新阶段更多地关注社会公平和共同富裕的新思路。

从这种意义上讲，在经济社会发展到当今这样的新阶段，我们党和政府在制定政策时充分考虑到困难群体的基本权益，这无疑是以"以人为本"为核心的科学发展观的具体体现。

尤其需要指出的是，我们党将以"以人为本"为核心的科学发展观作为具体工作的指导思想，正是出于对全体人民幸福生活的高度关注，是以所有人的自由发展为最终目标的。从这意义上说，以"以人为本"为核心的科学发展观反映了人类社会历史的发展趋势和发展方向。

（三）人主要是指"现在式"存在的人，但也兼指"过去式"和"未来式"存在的人

个人怎样表现自己的生活，他们自己就是怎样。因此，他们是什么样的，这同他们的生产是一致的，既和他们生产什么一致，又和他们怎样生产一致。因而，个人是什么样的，取决于他们进行生产的物质条件。正因为具体的、现实的人，都存在于一定的时空之中，所以相对于"现在式"的人来说，也存在"过去式"的人和"未来式"的人。当代的"人"或"人们"，不能仅把自己这一代人当作具体、现实的人，而把自己的"老祖宗"当作抽象、虚幻的人；若如是，则会变成历史虚无主义。一方面，人类所生活的感性世界绝不是某种开天辟地以来就直接存在的、始终如一的东西，而是工业和社会状况的产

物，是历史的产物，是世世代代活动的结果，其中每一代都立足于前一代所达到的基础上。另一方面，从精神传统的承继性来讲，我们也要尊重历史。没有"过去式"的人的浴血奋斗、艰苦创业，就没有我们今天的幸福生活。我们今天建设中国特色社会主义事业，更要发扬革命传统，"不忘老祖宗"。从特定意义上说，就是要以"过去式"存在的人的优良传统和革命精神为本。同时，当代的"人"或"人们"，也决不能仅把自己这一代人当作具体、现实的人，而把自己的子孙后代当作抽象、虚幻的人；若如是，则会走上"今朝有酒今朝醉"、得过且过、断掉子孙路的邪径。我们在前人创造的物质财富和精神财富的基础上，要继续艰苦奋斗、改革创新，不断改善"现在式"存在的人的物质文化生活，转变经济发展方式，在为后人创造和积累更多物质、文化财富的同时，保护环境、珍惜资源和承接历史。马克思预见了未来社会人与自然协调发展的图景："社会化的人，联合起来的生产者，将合理地调节他们和自然之间的物质交换，把它置于他们的共同控制之下，而不让它作为盲目的力量来统治自己；靠消耗最小的力量，在最无愧于和最适合于他们的人类本性的条件下来进行这种物质交换。"这里就是要以"未来式"存在的人即我们的子孙后代为"本"。

（四）在阶级社会或有阶级的社会中，"以人为本"实质上是以最广大人民群众的根本利益为本

人无疑源于动物界，但这不是人的特质或本质。人作为单个个体，必然要生活在一定的人类社会，亦即一定的社会生产力与社会生产关系之中，他在获取生活资料的过程中，便已经具有这样或那样的社会性质。正因如此，马克思明确指出："人的本质不是单个人所固有的抽象物，在其现实性上，它是一切社会关系的总和。"在阶级或有阶级的社会里，从本质上说，就不能以社会上的一切人和他们的根本利益为本；若如是，无产阶级就始终摆脱不了被剥削、被压迫的命运，更无法谈到最终解放全人类。在阶级或有阶级的社会里，绝大部分人民群众的根本利益是完全一致的，而极少数人的根本利益则是与绝大多数人民群众的根本利益相对立的。如果以这极少数人的根本利益为本，就必然会以牺牲绝大多数人民群众根本利益为代价。在当代中国，以人为本，就是要坚持人民在中国特色社会主义事业中的主体地位，就是以工人、农民、知识分子等劳动者为主体的，其中包括其他社会主义建设者在内的最广大人民群众为本。在中国社会主义革命、建设和改革开放的伟大事业中，人民是国家的主人，一切权力属于人民；人民是推动各项事业发展的根本动力；发展的成果也应该由全体人民共享。只有真正把实现、保障和发展人民各方面的需要和权

益，作为一切活动的出发点和目的，作为衡量是非得失、成败功过的标准，才能真正集中体现我们党在发展问题上的根本立场。

三、高教管理中的"以人为本"

以人为本，简而言之，就是把人作为考虑一切问题的根本。现代意义上的人本思想主要包括两层含义。首先，人是社会的主体，是一切活动的根本因素。其次，强调发挥人的主观能动性，以最大限度地发挥人的积极性和创造性为根本。

"以人为本"在我国传统历史中涉及很多，并在治国、治理企业、教育方面有较好的应用。主要指管理过程中从人的角度出发，而不是从制度或者管理模式的角度出发。现代企业将其看成人性化管理，即在管理的过程中多给员工带来人文关怀。另外教育体制中以人为本也具有一定历史意义，我国著名的教育学家孔子曾经提出"有教无类"即因而施教的教育学理念，将学生看成教学活动的主体，根据学生的实际状况调整教学内容和教学模式，故人成为一切的根本，所以教育活动中人是教育的核心理念。

高等教育管理以人为本的管理理念，即在教育管理中更强调人的作用，要培养人、尊重人、发现人，进而完成教育的核心。高等教育中需要将人看成管理的核心，在管理过程中尊重人的发展状况，了解人的特点，并在因材施教的教学模式下，达到高等教育的有效性。

以人为本的高教管理，应该是一切围绕人、为了人、关心人、理解人、依靠人、尊重人、凝聚人、发展人；应该是充分调动人的积极性和能动性，激发人的创造精神和自身潜能；应该是通过管理实现自我管理、自我发展、自我提高。把人当作学校的管理之本，强调人的本性特征，最大限度地满足人的种种合理需要，充分尊重人的价值和尊严，使学校管理者创造民主、自由、平等、有效的育人环境，制定和实施正确的管理政策、措施，通过以身作则、言传身教、相互沟通等行动，实现管理者与被管理者情感和行为的最佳优化，从而使教育教学和管理达到最佳效果。

教学中将人作为主体，转变管理者思想，尊重被管理者的需求，将尊重教师、尊重学生、尊重教学和管理工作自然规律，适应新时期人才培养需求，推动教育工作的人性化管理。具体来讲，从学生角度做到因材施教，鼓励和尊重学生的个人发展，提升学生的综合素质和创造力，从教师角度出发，为教师提供更好的发展平台，优化教师的待遇，为他们提供更多的人文关怀，支持多样化的教学内容、形式和风格，鼓励教师创新教学，尊重每一位教学管理中的参与者，全面促进教育教学工作的发展，将尊重人、培养人和发展人作为高教管理工作的最终目标，适应新的社会时代对于人才的需求，从而全面推动社会的进步与发展。

按照主体对象来划分，以人为本也可以划分为"以学生为本"和"以教师为本"。

（一）以学生为本

高等教育教学中应遵循以学生为本的教育理念，给予学生足够的自由选择权，让学生主导自己的学习，给学生以尊重，让他们通过自主学习的方式，激发学生的学习积极性，发挥主观能动性。同时也要注重因材施教，在教学中注重学生个人特点，并结合现代化教学技巧，真正实现学生德、智、体、美、劳的全面发展。

（二）以教师为本

作为教育教学的另一主体，教师在其中同样占据重要地位。该鲜活个体在以人为本的高校管理理念下，也应摆脱"教学机器"的固有形象，贴近学生，亲身参与到教学管理中去，根据教学内容和学生反馈不断提升、改进自身教学方法，使教育更有效，从而提升自身的成就感。

第二节　高教管理融入"以人为本"理念的重要性

一、以人为本是高等教育的发展目标

以人为本是高等教育的发展目标，促进培养更多更符合社会的人才。以人为本，强调人的价值高于一切，人是社会中独立存在的个体，满足人在社会中各方面的发展所提供的条件。教育是以人为主体的社会活动，人始终贯穿在整个教育活动中，人在教育中占有非常重要的地位。教育的产生、存在的前提必须是人，教育的最终目的是能够实现人的价值。人是教育发展的中心，是终极目标。

随着社会现代化进程的加快，社会对于复合型、全能型人才的需求量不断增大，传统高教管理模式下的重理论、轻实践的教学管理理念已经很难满足日益发展的社会人才新要求，高校是学生走向社会的必由之路，高校教学和管理水平对于学生的影响是深远的，高校通过"以人为本"理念的教学管理模式，尊重学生全面、个性化的发展，提升学生的动手能力，创新能力和综合素质，形成良好的学风、校风，潜移默化中影响家庭、社会对于高校教学管理工作的评价标准，最大限度释放人自身的能量，挖掘个人潜能，让学生在毕业后能够迅速投入工作，适应岗位需求，为社会贡献力量。对于学术观点和管理理念采取尊重和包容的方式，允许多样化的管理方式并存，从而使高校的教育教学工作与社会的快速发展相适应。

在高等教育中坚持以人为本，应该遵循教育发展规律，并符合其发展趋势，促进教育改革，培养学生的创新能力和实践能力，促进学生综合发展。

二、以人为本是人才培养的核心

在高等教育资源中，人才是最重要的资源。高等教育的职能是培养人才、服务社会、发展科学、文化传承，其中培养人才是根本使命，是高等教育以人为本理念的核心。学生质量是衡量高校质量的重要指标。教师是教育的主导者，是高校实现管理、促进教育发展的主要力量。只有综合素质高的教师队伍，才能培养出符合社会发展需求的综合能力强的学生，才更有利于高等教育的发展。因此，高等教育中坚持以人为本，应该重视教师队伍的发展，优秀的教师队伍，有利于提高教学质量和科研成果，有利于培养更多高质量的人才。高等教育背负着为社会培养高素质人才的艰巨任务。坚持以人为本的教学理念，目的是为市场需求输送具有学识丰富、品德高尚、心理健康的优秀人才。

三、以人为本是促进和谐发展的前提

现如今，在历史转型的大环境下，现代高校管理制度也在实现不断的优化。伴随着逐渐趋于大众化的高等教育现状，高校大学生的思维模式、行为方式也在发生着悄无声息的变化。高校学生普遍具有极强的上进心和自我意识，更加希望展现自己，并得到同学与老师的认同，以此来增强自身的信心。但是碍于市场环境、规则、固化观念的影响，高校大学生的职业发展受到了一定的限制。加之一些关于思想文化建设的大学课程存在核心价值观表达不充分、不全面等弊端，从而直接导致了大学生相关价值观理念的缺失。

当代高等教育培养的人才，不仅要有专业的学术知识，还要具有健全的人格。高等教育以人为本，在人才培养上，人才应该具备丰富知识、品德优良、身心健康且具有创新能力和实践能力。大学生心智健全、人格健康，有利于促进社会的和谐发展与进步。人与人的和谐发展，是促进社会和谐的主要影响因素。人的和谐发展是指把人的自然性、自我性与社会进行机整合。时代赋予高等教育的任务是：对学生的适应能力进行培养，提高学生的选择能力。高等教育坚持以人为本，培养出心智健全、人格健康的学生，才能有人与人和谐、人与自然和谐、人与社会和谐，最终实现高等教育的发展。

四、顺应知识经济的倡导

知识经济是建立在知识和信息的生产、分配、使用基础上的经济。知识经济具有智力资源是第一资源、脑力劳动是劳动主体、创造性劳动是经济发展的核心动力三个特征。知识经济的形成使知识成为最重要的生产要素，而知识的主要载体、传播者和创造者是人。人是知识经济时代最活跃的因素。因此，知识经济要求将人放到第一位。知识经济特别强调人力资源开发和科技创新的作用，崇尚民主、平等、创造性。这就必然在现代教育管理上体现出来，要求遵循以人为本的管理思想和理念。知识的爆炸式更新、智力的结构性重塑、科技的创新性发展，即使是知识水平、学历层次很高的教育管理专家，面对日日加速的知识增殖与代谢，面对层出不穷的新事物、新问题，也显得力不从心、捉襟见肘，甚至会被淘汰。因此，学校教育管理者面对知识经济的挑战，必须贯彻以人为本的思想，不断学习新知识、更新旧观念、提出新观点、开拓新思路，这样才能适应21世纪终身教育、人文教育的需要。

五、满足素质教育的诉求

随着传统学校教育弊端的日益暴露，对素质教育的要求提上了日程，因而20世纪90年代以来以培养德智体等全面发展的接班人为己任的素质教育、创新教育在学校教育中普遍展开。素质教育使教育的育人理念和思想发生了根本的变化。学校教育必须回归到"以人为本"上来，构建一种更加民主、自由、平等的教育关系。高校应转变教育管理者的思维，不仅要全面发展学生的素质，也要全面提高教师的素质。充分尊重和张扬个性的素质教育已经成为社会对教育的十分现实的需求。它能更好地调动学生的学习积极性，挖掘学生的潜能，营造更符合学生张扬个性的制度环境。教育不仅应当以社会的要求作为出发点，而且还要以人的个性的全面发展作为出发点。要注重学生的独立人格、精神风貌的养成，培养自信、自尊、自爱、自强等品格。素质教育就其实质而言，就是"以人为本"的教育，它要求将受教育者当作人来培养，而不是当作机器或机器的附庸来"制造"。

六、满足政治民主化的要求

大学是民主、科学的发源地和辐射源。当今时代，政治民主化是不可逆转的趋势和方向。高等学校是知识和人才密集的场所，担负着教化社会、牵引社会的功能。高校在民主建设方面也理应走在社会的前列，起到表率和垂范的作用。从组织系统的角度看，领导干部是学校组织系统中的领导者。他们具有组织赋予的职权，在学校系统中处于决策、指挥、协调、控制的地位，对学校事业的发展起主导作用。一般教职工是被领导者，具体从事教学、科研、管理和服务工作。在学校办学目标的实现过程中，教职工居于主力军的地位，是名副其实的主人翁。我国《高等教育法》也规定，高等学校应当"实行民主管理"，"依法保障教职工参与民主管理和监督"。而且由于高等学校教育教学等智力活动的个体性特征，教职工能否以主人翁的姿态投身于各项工作，能否发挥自身的主观能动性，直接影响着办学目标的实现。

七、提高课堂教学质量

高校教师主要的行为方式是教学、科研。教学科研活动是一种极具分散性特点的个性化劳动、创造性劳动，更需要人性化管理。只有从教师个人的价值实现入手，激发起他们自主积极的创造欲望，将科研活动从外在要求变为教师本身的内在欲望，才能最大限度地激发教师的潜能。只有有效地激发起教师内在的创造激情和冲动，教师才有可能全身心地投身于课堂教学活动中，自主地、富有激情地、创造性地驾驭课堂，从而达到提高课堂教学质量的目的。

第三节 高教管理融入"以人文本"理念的途径

一、提高对"以人为本"的高教管理理念的重视程度

当今社会对综合型人才的需求量不断增大，对高校的教学管理工作也提出了更高的要求。"以人为本"的高教管理理念符合现代教育与社会发展的要求，是全面贯彻落实素质教育的根本所在。高校的办学水平主要依靠人才的培养质

量，高校将"以人为本"作为出发点，牢固树立以人为本的科学方法，关心学生所关心的、关注教师所关注的，重视每一个个体的需求，切实解决学生学习、生活、心理和就业等各方面的需求，充分尊重他们的个性和意愿，正确处理教学与管理之间的关系，在高校各个职能部门、辅助单位中开展协调合作，为学生提供更加全面的、具体的工作，并将"以人为本"管理理念深深植入管理者、教师和学生的脑海里，让更多的人参与到高教的管理工作中。

二、进一步加强学生管理模式中的个性化与人性化建设

在此之前，高校学生管理工作重心主要集中于常规教学过程，忽视了学生的个性化建设，对学生的要求只要达标即可。长此以往，在一定程度上抑制了学生更多层面的诉求，其个性化建设难以伸展。基于此，构建并加强"以学生为本"的教育理念，实现阳光校园模式就显得尤为重要。加强学生个性化建设，将在不同方面支撑学生的职业发展，使教育模式更加具有实践意义，对高校学生管理及师生融洽关系的构建大有益处。除此之外，作为学生的人生导师，教师应当尊重且支持学生的个性化发展，充分鼓励学生走适合自己的路，而不能只从单方面评价学生，局限其发展。最后，教师要提高其洞察能力，不仅要为学生在学习上给予指导，还要努力抓住学生的现实需要，具体问题具体分析，并最终通过学生个性化的延伸，推动其长远发展。

三、完善以学生为中心的管理服务机制

从单纯的传统授课型管理模式向交互服务型转变，进一步加强学生的主导地位，充分结合高校学生在新时期下的现实需求，将管理与服务工作深度融合，以适应其管理工作的转型与发展。除此之外，还要根据学生的实际情况，为其打造特有的服务方案，深化师生间的交互，并最终确保高校管理机制的完善。

四、提升高教管理中的教师地位

坚持"以人为本"的高教管理理念，就要发挥好教师在教学和管理工作中的重要引导作用。满足教师在教学中的合理需求，提高教师在教学管理工作中的地位和待遇，建立优秀的高校师资队伍，尊重高校教师的教学工作以及发展需求，定制分层次、多元化的管理制度，兼容包并的原则，鼓励教师积极开展丰富多彩的教学研究活动，并形成配套的激励机制，充分调动教师的积极性，

发挥教师的作用和价值，转变工作方式，营造民主、和谐的管理环境，关心教师心理、思想等方面的建设工作，在以人为本、相互尊重理解的前提下，打造出一支优秀的教师团队，让高教管理焕发生机与活力，为全面推动我国高等教育事业提供良好的师资保障。

最重要的是，坚持"以人为本"的高教管理理念，管理者要满足教师在教学上的合理需求，给予他们足够的信任，以发挥出教师在教学上的引导作用。满足教师在教学上的合理需求，首先要认识到教师的作用和地位，建设一支优秀的高校教师队伍，为今后高校教育发展奠定良好基础。其次要尊重高校教师的合理需求，制定多层次、多样化的管理制度，调动教师参与教学和科研的积极性，要制定配套的奖惩机制，给予优秀教师更多的支持，发挥出教师应有的作用和价值。最后要加强教师的自我管理，在"以人为本"理念指导下，高教管理人员应提升教师的自我管理意识，让他们转变以往的工作方式，不断提高高校教师心理、思想、行为方面的管理水平，以确保教学工作的顺利展开。

五、尊重学生在课堂上的主体地位

在高教管理中，学生是教学管理工作中的主体，学生的主体地位必须得到保障。首先高校应当牢牢树立为学生服务的思想观念，当前，我国很多高校在学生管理工作中，仍然实施规范化的严格管理，将学生视为被管理者，这样的管理模式很容易导致学生与学校之间形成对立关系。科学的高教管理，坚持"以学生为本"，从尊重学生的角度出发，学校从管理者的身份逐步转为服务者，尊重高等教育的发展规律，形成学校与学生之间良好的互动，将高教管理围绕着学生的利益开展，增强民主性，激发学生的主动性，尊重学生的人格，使学生能够获得个性化、自由化的发展，实现自己的指导。还应当让学生积极"走出去"，从实践角度给予他们就业、创业的指导，完善知识和能力结构，提升各项技能，顺应社会和岗位发展。

同时，学生作为课堂学习的主体，高教管理人员在运用"以人为本"理念时应该给予他们足够的尊重，这样才能调动学生学习的积极性和主动性。尊重学生课堂上的主体地位，管理者就要将学生放在管理的重要位置，抓住学生心理，从他们的实际利益出发，解决好学生在学习、生活、就业等方面的问题，让他们具备更多实践技巧，以适应新时代社会人才需求。管理者要激发学生的主观能动性，实现学生的自我管理、自我约束，尤其是要加强思想上的引导，让他们形成开放、包容的思想，端正他们的学习态度，并在相对自由的氛围下做好自我管理与约束，充分展现当代大学生的风采。

六、应注重学生的心理问题

在传统教学模式中，高校只注重学生生理问题，还应注重学生身心健康的全面发展。高校应指导教师密切关注学生心理健康。高校在尊重学生主体地位时，应注重引导学生把理论知识与实践综合运用起来，不断通过实践来获取技能。教师在课堂上应让学生主动参与到学习中，培养学生对于学习的积极性，避免教师作为课堂的主导地位，不能使学生在课堂上一直扮演着"倾听者"的角色。

第四节　"以人为本"理念下高教管理的模式设计

一、建立以人为本的教学环境

高等教育管理过程中，需将人看成管理的重要内容，并将人的思想渗透到管理的方方面面。学校在教育活动初期应为学生创设"人本"教育环境，教师须让学生主动探求知识，并且在知识探求中寻找到快乐，树立学习自信心，获取学习满足感，不要让学生将学习看成是不得不为的一件事情，否则带有这种心态开展的学习将没有实质意义。因而在教学管理的过程中，科学的管理制度显得尤为重要。例如，一个小孩很喜欢阅读，但是父母每天要求孩子必须完成规定的阅读量，孩子由开始的兴趣阅读变成后来的任务阅读，进而学生在此过程中将失去阅读的乐趣，甚至将阅读看成一种负担，最终孩子将摒弃原有对阅读的喜爱，甚至提到阅读孩子会感觉很厌烦，虽然父母的教育初衷是好的，但是最终的结果却是事与愿违。如果父母不运用这种强制性的教育方式，让孩子在轻松的环境下，把阅读当成生活的消遣，甚至当成一种兴趣，学生在开始学习时就不应带有强烈的功利性质，为了分数、学历或者谋求一份好工作而学习，而是用为了兴趣和热爱去学习，那么在此过程中学生不仅收获知识，反而能收获快乐。学校在管理时应为学生营造以人为本的管理制度，在重视师生间发展的同时，要求学生尊重教师、服从学校的管理，并重视培养学生的能力，为社会发展源源不断地输送人才。

二、坚持学生为主体的教学理念

高等教育教学"以人为本"的教学管理理念是在制定有关规范时从学生

和教师的实际情况出发，尊重师生的权利，一切措施和制度安排要在平等的基础上，在教学活动中，树立"以学生为本，培养学生为本"的教育教学管理理念，了解学生在生活上和学习中的需求，力求树立起为学生们提供高效、优质的学习生活服务的管理目的和原则。在些课程和职业的选择上，不要强制性地去限制学生的选择权利，要尊重学生的决定，让学生自由选择。

以人为本的管理理念在高等教育教学中需要更重视"人"的应用价值。主要是发展过程中，通过培养全面优质的人才为发展目标，学生发展被看成教学的根本，最终的目的是完成教育和教学管理。开展传统教学活动时，并不看重学生的主体地位，很多教师习惯于传统教学中的主导地位，在教学活动开设时，把自己定位于课堂的主体，导致课堂教学气氛压抑，学生一直处于被动的学习者地位，不能用"主人"的身份参与课堂学习。以人为本理念教学的开展，需要把握学生的个性化发展，不断地激发学生的学习潜能，让学生在此期间实现自我创新。部分学生在教学活动开展中不能较好地把握自己，因而教师应引导学生的自主创新能力。例如，在教学时教师发现有的学生思维异常活跃，而书本知识内容偏死板，学生感觉学习起来很乏味，故而不喜欢或者不愿意学习，教师可以针对这部分学生多组织实践研究性课程，使学生在实践课程中能够了解知识的变化状况，并且在探究中发现自己现有知识体系的缺陷，最终回归书本，这反而取得意想不到的效果。例如，机电专业的一名学生，在假期回家晚上吃夜宵的时候，发现冰箱门被门挡上，开关十分不便，这时学生突发奇想如果冰箱能够两面开门，这样将便于冰箱操作，在一面门被阻挡以后，可以从另外一侧开启，学生回到学校后就这个创意和教师进行探讨，得到教师的极大肯定，学生在教师的帮助下努力翻阅资料，查找相关文献，并结合实际使用情况，发明出两侧都能开启的冰箱门。学生在整个过程中不但获得知识的大量存储，同时也能灵活地运用所学知识，并且通过研究看到自己的不足之处，最终有意识地学习，因而学习状态良好，学习效率较高，同时学生的动手实践能力也得以发挥，同时在研究中要接触各国以及各领域的知识，通过和教师沟通，和同学沟通，和生产厂商沟通，提升了学生的交流、沟通和理论能力。

三、优化教学内容

（一）提高教师的教学能力

教育的主体是学生，只有对教育主体充分了解，才能做好教育，了解高等教育教学的目的，结合世界的发展趋势选择教学内容，在培养学生的综合应用能力的前提下，重点培养学生的实践运用能力。深入学生队伍中去，研究学生需求、结合课堂学习情况来解决问题，拉近与学生的距离，注重语言沟通交流和情感交流，及时更新完善教学内容、主动积极地学习先进的教育思想和专业理论知识，在教学实践中勇于探索，建立以学生为中心，成为真正的教学组织者和教学改革者、参与者。

（二）合理使用多媒体辅助教学

教师在教育中的职能是引导学生学习、激发起学生对学习的兴趣，让学生喜欢学习并且鼓励学生把所学知识运用到实际中去。由此可见，教师能够直接影响到学生对学科认识和对学科的学习兴趣。在以人文本的教育教学管理的理念下，教师要尽快提高对多媒体教学和计算机运用的操作能力，把信息素养作为教师教学技能的重要标准和对教师的必然要求，教师要学习掌握实时的教学技能，如用PPT制作电子教案、辅助教学的电子课件等，以此增强大学生对知识理解的生动性，从而激发大学生的学习兴趣。

（三）因材施教

随着我国社会经济的高速发展和居民生活水平的提高，大学生追求与众不同，个体差异越来越明显，教师在教授知识的同时，要提高自己的道德修养，用自身的高尚情操为学生做出示范。而在高等教育中，一个班大概有几十个学生，上课的方式也会有所改变，有时甚至几百个学生一起上课，这就意味着一个教师要面对几百个学生。所以，要求教师去认识每一个学生并且对他们充分了解是不可能的，只有教师去了解这一阶段学生的心理特征以及他们所关注的问题，用学生关注的热点问题，如询问同学们平时都是用什么社交软件聊天，关心什么问题，了解他们学习的特点，因材施教，注重学生差异，充分体现以人为本的教育理念。

（四）改变传统的教学模式

传统填塞式的教学模式，无法调动起学生学习的积极性。高校学生早已对灌输式、填塞式教学模式感到厌倦，高校教师应该改变这种教学模式。教师应该多与学生沟通，了解学生真正的学习需求，要有目的、有计划地展开教学工作。教师应该采取兴趣教学法，要在课堂上引入学生感兴趣的事物，使学生带着好奇心来学习。为了体现以人为本的教学理念，教师应该在课堂上多照顾学生，让学生积极地展开讨论。争取让学生把他们不理解的疑问全部提出来，教师在解答这些问题的时候，可以加强与学生之间的沟通。

第五节 "以人为本"理念下的高教管理制度

一、"以人为本"理念下高等教育管理制度现状

（一）管理制度缺乏人性化

根据研究调查显示，当前高校的教育管理制度仍然需要不断地改进与完善。比如，在教学计划管理、学籍管理、教育评价等方面缺乏人性化体现，过度强调教育管理的集中制而缺乏柔性的管理手段。虽然学生作为学习的主体，但是高校对于学生的管理实际上是以约束为主、激励为辅，在这样的管理体制下，对于保证高校的正常运作有积极作用，但是对于师生创造性以及积极性的培养却起到了负面影响。再比如，学分制度的实施，打破了传统的班级制度而产生了流动班级，使学生组织出现松散，真正认真学习的现象随之减少，进而影响高校的教学质量。

（二）管理制度过于行政化

改革开放以后，我国高校的教育管理体制得到了很大的改变，由政府主导的高校办学主要实行的是纵向为主的约束机制，也就是以集中管理为主。为了服从政策，在高校内部实施的教育体制的行政化特征也就日益突出。

（三）学生权益保障不够完善

学校虽然是一个普及教育的机构，但是学生权利和义务的实现仍然是教育制度中的重要因素。在现行的教育管理制度中，规范较多的是学生应该履行哪些义务，而很少规定学生应该享有哪些权利。尤其是在高等院校，为了加强学校管理以及体现办学的优质，制定了一系列的奖惩措施，但是在惩罚制度上就定义模糊，使学生的权益得不到明确的保障，这也是高等教育管理制度缺乏人性化的一种体现。

二、高等教育管理制度"以人为本"理念缺失的原因

（一）宏观体制的影响

在高等教育管理中缺乏人性化管理，其外在的主要原因是受到宏观管理体制的影响。从市场角度而言，学生与学校之间如同一种买卖关系，学生作为消费者要支付给学校一定的成本，所以为了促进经济与文化的发展，很多大学都降低了入学门槛，并且通过设置多样化的课程来满足学生的需求。

（二）教育思想观念的影响

在高等教育管理中缺乏人性化管理，其内在的主要原因是受到教育思想观念的影响。主要体现在三个方面。

1.传统师生观念影响

在传统的教育管理观念中是以教师为本、以学校为本，对学生而言，教师就是教育者和管理者。

2.传统教育管理观念影响

在传统的教学管理当中，学生不能自主地选择教师、课程和学习方式，所以受教育的平等权利难以得到保障。

3.社会本位教育观影响

社会本位教育观主要是以社会发展需要作为出发点进行教育，所以这种教育观过于强调的是满足社会、国家、经济服务需求，而忽视了学生主体个性的价值与未来的发展。

三、"以人为本"高等教育管理制度构建的建议

（一）明确政策导向

首先，高等教育管理制度人性化构建应该以促进和谐发展为目标。高校学生的教育不仅仅是要求学生具备一定的理论知识以及社会实践能力，同时还要培养学生的人文素养，使其个性与能力能够协调发展。其次，学校教育管理的导向应该以"人文关怀"为主。将人文关怀落实到教育管理体制当中，不仅是实现学生作为主体地位的重要举措，同时也是培养学生学习积极性的有效途径。最后，高校应当加强自主办学的理念。我国政府部门应大力支持高校自主

管理办学，充分发挥高校学术自主权，使高校能够进行人力资源以及资金方面的自我管理，从而减少教育管理中实行人性化管理的阻力。

（二）建立人性化机制

第一，强调以人为本在教育教学中，学生处于主体地位，所以高校的教育管理体制也应该以学生为主。高校应建立多种多样的教育管理体制，并且让学生也参与到制度的制定当中，实现学生自主管理与学校管理相结合的模式，不仅可以保证教学质量，同时也可以促进学生发展。

第二，完善激励制度。学生的直接管理者是教师，所以高校的教育管理体制要在保障教师权益的同时，通过合理的激励制度充分发挥教师的职能。另外，通过系统化的激励制度，鼓励在学生群体中形成良好的氛围。

（三）教育

通过对当下高校教学管理制度现存问题的分析，可以看出，我国高校的教学管理制度还比较传统，许多方面的制度已经不适合当代大学生的学习发展。

1.用先进的教学管理理念引导人本制度构建

高校若想加强以人为本的高教管理制度建设，首先要做的就是改变学校的教学管理理念，使得良好的教学管理理念能够更有效地引导人本制度的构建。在这一过程中就要求学校的管理人员连同教师一起，不断提高自身的创新能力，采用更人性化的教学管理制度对学生进行管理。在这种人性化的教学管理制度当中，要充分地考虑到以人为本，引导学生自主学习、热爱学习。

2.营造和谐的教学氛围

人性化教学管理制度的构建，不仅体现在有形的教学管理制度的构建上，还应当涵盖校风、办学特色等方面，所以相关人员应当有意识地在校园内部营造浓厚、和谐的教学环境和精神氛围，让学校的每个师生在健康教学氛围的影响下，能够更好地发挥自身的潜能和特长。因此，高校办学要做到以教师为本、以学生为本，学校要充分考虑到教师和学生在思想、情感等方面的需求，尊重他们的自主权和决策权。对学生自主学习、终生学习的引导不够重视，有时反而不利于学校教学效果的不断提升。同时，硬性的管理制度存在很大的弊端，这种被动式的管理模式不利于提高学生学习的积极性、主动性，甚至影响到学生的个性化发展。

第五章　基于创新能力培养的高教管理

早在2007年，党的十七大报告就指出：提高自主创新能力，建设创新型国家是国家发展战略的核心，是提高综合国力的关键。建设创新型国家，关键在人才，尤其在创新型科技人才。他们是未来建设创新型国家的重要力量，他们的创新能力直接影响国家整体的自主创新能力。目前，我国的高等教育已步入大众化阶段，随着高等教育的改革与发展，高等教育管理体系的改革与创新也迫在眉睫。21世纪是创新的时代，"大众创业、万众创新""科教兴国"等国家战略对高等教育提出了更加严格的要求，现代高等教育也逐渐向国际化、现代化和终身化方向发展，对人类社会发展和综合国力的提升将发挥越来越重要的作用。在这种情况下，高等教育管理体系的改革与创新可促使高校更好地适应高等教育改革形势，也是高等教育自身发展的需要。本章分为创新能力培养概述、创新能力培养目标下的高教管理现状、创新能力培养目标下高教管理的重要意义、创新能力培养目标下高教管理策略四部分。

第一节　创新能力培养概述

一、创新

（一）创新的概念

创新泛指推陈出新、革故鼎新；也指对原有事物进行改造、重新组合以及延伸，从而创造出不同于原来事物的新事物。其含义有：①指前所未有的，含有创造发明的意思；②原有事物引入新的领域产生的效益也叫"创新"，如新观点、新方法和新技术等新生事物。从辩证唯物论的角度看，创新就是发展，是推动事物前进的不竭动力，是新事物的产生和旧事物的灭亡，是事物由简单到复杂、由低级到高级的发展过程。创新的意义随着社会的不断发展而变化，其内涵也在不断扩展和深化。着眼于不同的角度，"创新"一词有着不同的界定。

从教育学角度来说，创新是一种文化革新的过程，它是由一种新观念、新行为以及新事物的出现所引发的新方式的推广和普及的过程。

（二）创新的特征

1. 独创性和革新性

独创性和革新性是创新的本质内涵。独创和革新是创新在人类实践活动中的具体而根本的体现。没有创造性，当然也难以有什么新颖性，也就谈不上创新了，创新能力更无法体现。

2. 价值性

创新要符合社会意义和社会价值。

3. 实践性

创新是一个过程，是在实践基础上实现主体客体化和客体主体化的统一的过程。人人都有创造力，创造力是一种潜在的能力。人的创造潜能可能表现在某一个领域，要求具备该领域或相关领域的知识，令自身在这个领域的"先天"潜能得到开发、启动和激活，这需要主体在创新实践过程中把这种创造潜能开发出来。如果在某一个领域没有这方面的"先天"条件，只要经过创新实践去培养，开发主体的创新思维，也同样能够创造出某个领域内的新成果。

4. 整合性

创新过程是一个包括主体创新因素在内的整合过程，即主体从事创新活动既需要创新个性因素，又需要创新环境因素，而且是这些因素内外整合的过程和结果。

5. 联想性和叛逆性

从思维的角度来看，它与传统思维要有一定的差别，它通常是通过发散思维和逆向思维的方法，从发散思维和逆向思维的角度去考虑问题而达到目的的。创新是一种有目的的行为，而创新能力则是实施这种目的行为所必须具备的能力，因此又具有联想性和叛逆性。

二、创新能力

（一）创新能力的概念

在我国，对创新能力的提及最早可追溯到两千多年前，老子创作的《道德经》中曾写道"天下万物生于有，有生于无"，这是创新思想的渊源。1919年，陶行知先生所著的《第一流的教育家》中也曾涉及创新能力培养的思想，作为我国著名教育家，他在此文中谈到要培养出对国家富强和民族兴亡有重要意义的人才，就要注重培养学生的"开拓精神"和"创造精神"，培养学生的创新能力。党的十八大以来，我国对创新发展提出了一系列重要思想和论断，把创新发展提高到事关国家和民族前途命运的高度，摆到了国家发展全局的核心位置。党的十八届五中全会提出"五大发展理念"，排在首位的就是"创新发展"。

创新能力是一种积极的心理取向，主要是通过有目的的创新行为体现出来的。创新能力是指怀疑、批判和调查的能力；是人们产生新认识、新思想和创造新事物能力；是指研究者运用知识和理论，在科学、艺术、技术和各种实践活动中，不断提供具有经济价值、社会价值和生态价值的新思想、新理论和新方法的能力，包括发现问题、提出假设、论证假设、分析问题、解决问题以及在解决问题过程中进一步发现新问题从而不断推动事物发展变化等；是个体运用已有的基础知识和可以利用的材料，并掌握相关学科的前沿知识，产生某种新颖、独特、有社会价值或个人价值的思想、观点和方法的能力。创新能力是人类区别于动物的本质特征和标志之一，是主体通过有目的的创新行为表现出来的积极心理取向。

（二）创新能力的内涵

创新能力的内涵应包括获取知识的能力、观察事物的能力、处理信息的能力、坚韧不拔的毅力与精诚合作的精神等。这些能力和素质是相互依存、无法分割的。

1. 获取知识的能力

科技高度发达的21世纪，获取知识的途径多种多样，人类应具备从多种知识载体中获取新的信息和知识的能力，进而促进人类社会不断发展。总的来说有两种获取知识的途径，即直接途径和间接途径。直接途径是从阅读图书或亲身实践中获取知识，间接途径是从人与人的交流或承载信息知识的媒体中获取知识。网络信息时代的到来，加速了知识和技术的更新，为此，人类的学习不能间断，终身学习便是这个时代的新特征。

2. 观察事物的能力

人们常说"处处留心皆学问"。观察事物的能力就是人们在对周围事物进行有目的、有计划而且比较持久的知觉过程中，能全面、深入、准确及迅速地把握事物特征并提炼出自己感兴趣的素材的能力。这就要求人们要仔细地观察本学科以及相关学科的发展，同时要留意社会和经济等制约因素的发展状况。培养人类的观察力就要开拓观察事物的视觉，端正审视发展变化的态度，提高自身观察事物的能力，这样就能够找到新的问题，进而促进创新的产生。

3. 处理信息的能力

处理信息的能力是指人类从获取的知识和信息中提炼出有益于自身发展和本专业学科建设的信息，提取有助于解决课题中的难题和促进任务完成的信息。信息的处理过程本质上是一个信息整合和凝练的过程。在这个过程中，人们要尊重事实，去伪存真，取其精华，去其糟粕，注重捕获和运用关键信息，寻求处理问题的方法，这便是培养创新能力的关键。

4. 坚韧不拔的毅力

坚韧不拔的意志品质，是推动人类社会不断进步的不竭动力。从古至今，在生活中和事业上取得成功的人，无一例外都具有顽强的毅力和开拓进取的精神。坚韧不拔的毅力便是成功的保证，也是面对挫折的法宝和诞生奇迹的暖床。创新须打破思维定式，所以创新要有信心、有决心、有毅力。为此，要想赢得事业上的创新，就要不断培养坚韧不拔的精神。

5. 精诚合作的精神

现代各领域的创新越来越重视合作，个人冒险和探索精神不可或缺，但个人的创新始终有限，而集体的创新则是无限的。当今时代科学技术高速发展，一项重大课题大多涉及多个领域，因此必须依靠团队合作来完成。通过团队开展研究和讨论，经过竞争与合作来积累经验、积聚力量、启发创造性思维和激发热情，使团队内各成员之间形成和谐、融洽的氛围，实现团队与成员共赢。

（三）创新能力的结构

人们从事创新活动需要多种能力，而不是一种或几种能力的简单结合就能实现创新预期目标的。要使主体能创造出符合社会需求、能体现出个人价值并具有独特性和革新性的产品，就必须使创新能力的构成要素连成一个整体，发挥主体创新的综合效应，因此很有必要对创新能力的基本结构做一些分析。创新能力是创新思维能力、创新智力化能力和创新人格化能力的内在整合体。

1. 创新思维能力是创新能力的核心

创新思维能力是一个由抽象思维与形象思维、发散思维与聚合思维、横向思维与纵向思维、逆向思维与正向思维以及潜意识思维与意识思维构成的有机整合体。通过创新思维主体的内在整合形成具有创新特质的思维，包括五种特质，分别为流畅性、敏锐性、变通性、独创性和精密性。创新思维的这五种特质相互联系，最终整合成一个创新思维能力的整体。

2. 创新智力化能力是创新能力的基础和手段

创新智力化能力是指创新主体的创新知识和创新智力，也是创新所需要的内在整合能力，需要创新主体调动积极性，在长期的智力积累下厚积薄发。

3. 创新人格化能力是创新能力的动力和方向

创新能力的形成离不开创新主体的人格因素，其包括创新个性特质和创新精神。创新主体人格化能力就是创新主体的创新个性特质和创新精神因素作用于创新活动而形成的能力，包括主体的价值判断选择能力、团结协作能力、适应社会生存能力、应变能力、组织管理能力、忍耐力、冲动力以及公关能力。

4. 创新能力是创新思维能力与创新人格化能力和智力化能力的内在整合体

创新思维能力是创新能力的核心，是发散思维与聚合思维等的内在整合体；创新人格化能力是创新能力的方向和动力，是创新性的价值集中体现；创新智力化的能力是创新能力的基础和手段，创新知识是基础，创新技能是手段。而创新能力是创新个性因素和社会因素内在整合的结果，因此，创新能力必然是创新思维能力、创新人格化能力和创新智力化能力三者的内在整合。

（四）创新能力的基本内容

根据人的创新能力的作用方向和实践领域的不同，人的创新能力可以分为理论创新能力、方法创新能力、知识创新能力、技术创新能力和制度创新能力五个基本方面。

1. 理论创新能力

理论主要指从对事实的推测、演绎、抽象或综合而得出的一系列原理或概念。人类在理论上的创新，是指人结合社会发展和科技进步对已有认识进行整合分析，对原来的认识进行修正或者继续坚持，在研究新情况和总结新经验的基础上形成新的认识；是人在改造客观事物实践之前，在思维上对目标事物进行改造。在理论领域上发挥人的创新能力，可以增强理论自身的说服力，对新实践中迫切需要解决的问题进行理论上的推演，可以增加实践成功的概率，节约成本，从而不断推进实践向前发展。在许多情况下，理论是要先行实践一步的，不间断地拓展理论创新的空间，发现新真理，这是实践发展的内在要求。查尔默斯（Chalmers）指出："某种知觉经验可为观察者直接获得，但是观察陈述则不行，观察陈述是公共实体，用公共语言加以阐述，包含着具有不同程度的普遍性和复杂性的理论。在所有观察陈述之前，预先有某种理论。""观察陈述利用理论或者概念的框架有多么精确，观察陈述利用也就有多么精确，理论先于观察。"实现理论创新向实践创新的转化，是理论创新的最终目的，也是理论创新普及化的客观要求。

就源头性而言，理论创新是知识创新、技术创新、制度创新和其他一切创新的基础和灵魂。理论创新会带动文化创新进而影响意识形态，有利于与时俱进地确立先进的执政理念，时刻掌握意识形态领域的话语权，理论创新对社会发展有直接的促进和指导作用。有什么样的理论，就有什么样的实践方向和相对效果，理论必须走在时代的前面，才能持续引领实践。为了更好地进行理论创新，人们首先要转变思维方式，思维方式应从原来固有的封闭性思维转向开放的发散或逆向思维。思维方式的改变是理论创新突破的基础。任何一个理论都只有在其是一个开放的体系时，才具有包容力和成长力，否则理论就会封闭、退化直至消亡。只有营造一个良好与宽松的环境，才能有助于人的理论创新成果。人们需要尽量解脱思想上的禁锢，在"百家争鸣，百花齐放"的氛围中开展理论创新工作。

2. 方法创新能力

方法创新能力，是指对原有的方法、流程以及规划进行创新的能力，没有这种创新能力，理论创新便会是永远落实不到位的空想战略。方法创新首先要求人的理念向有利于创新的方向转化。在理念引导下，还要有正确目标，方法创新才能带来职能创新。

创新本质上是一种对事物内在联系的新发现或是知识信息内在结构相关因

素的重新组合，其要害是生产要素，特别是智力资源的重新配置。对智力资源的重新配置就需要人发挥方法创新能力，使创意想法变成可以有条不紊实现的方法规划。方法属于实施前的准备工作，从这一点上看，方法本身就具有预见性、面向未来性和不确定性，同时，方法具有全局性和整体性的特点。故而，方法的制定对人的智力、信息综合、预知预见以及临机决断等能力要求很高。方法的特点决定了制定方法需要灵活，具体情况具体分析，方法制定有时需要从大局进行战略性指导，因为情况总是在变化之中，太刻板、细化的方法不利于前瞻性和机动性的特点，更是决定了方法创新的经常性和灵活性，这也决定了方法创新较之其他几类创新，具有更大的难度。有时方法的指定在关键处又需要细化，这样才能保证方法在实践中的还原度。方法是连接理论创新与实践创新的桥梁，从个人的事业规划到集体的职能转变再到国家或民族的战略调整，这些都需要发挥方法创新能力，以便及时调整实践中的行动方案，做到因时而变，从而使配置最优，避免事倍功半或南辕北辙的结局。为了更好地发挥方法创新能力，一方面，要把握社会发展和理想目标的变化趋势；另一方面，也要充实各类知识，以适应职责变动的需要。在运用创新能力的同时，还要充分与逻辑思维能力相结合，以便将横向和纵向的线索进行整合排列，得到行之有效的方法与方案。

3. 知识创新能力

知识是客观事物的属性与联系的反映，是客观世界在人脑中的主观映像。随着时代的发展，人们越来越认识到科学知识对人的重要性，科技生产力已经成为生产力、竞争力和经济发展的关键，成为创造性生产活动的驱动力。知识创新能力体现了探索、发现和更新知识的能力，是知识生产力的先导。知识经济时代的本质表明了先进生产力的定向、定性和定位都应该体现在科学技术的更新上。因此，科技进步的强大生命力为经济发展的可持续性提供了可能，也使代表先进生产力的思想具有可操作性。随着时代的变迁，知识的性质也在发生改变。它已经从客观的、可表述的知识变形为主观的、构建性的知识。这种改变客观地要求人们必须重视发挥知识创新能力，以应对时代变化提出的新要求。运用知识创新能力对落伍的知识进行更新，对传统知识进行升华，对急需知识进行填空，进而为人类社会的进步提供动力。要提升知识创新能力，在当今知识日新月异的环境下必须不断补充和更新自己原有的知识，才能跟上时代的步伐，因此终身学习已成为个人立身社会不可或缺的支撑点。在知识经济时代，知识已成为发展经济的主导力量，也是生产力的驱动因素和先导因素，而知识生产力向现实生产力转化的能力又取决于创新能力的高低。知识和能力是互相促进，互为依托的，没有知识的能力很难达到先进性层次，而不利用知识进行创新是经不起考验的。知识是人脑创造的产物，同时又是人进行创造的原料、工具和基础，是人具有创造能力及其力量的源泉。整体上讲，发挥人的知识创新能力，其方向是将单一学科的知识点、知识线和知识面转向多学科交叉的知识环、知识链和知识圈。

4.技术创新能力

技术创新是指技术上的改进和物的突破，也指在工具领域把某事物的功能作用从不可更改的变为可更改的。改进旧系统和创造新系统的技术创新与技术发明，是利用科学理论改造自然和造福人类的实践活动。科技知识只有外化和物化为推动经济发展的新技术、新工艺、新服务与新产业，才能转化为现实的生产力，才能现实地成为影响社会发展的主导力量。技术创新的重要意义无须多言，"科学技术是第一生产力"已成为深入人心的一句口号。从我国现实来看，我国解决社会基本矛盾需要大力发展生产力，因而加大科技创新的力度是当务之急。从历史发展的角度看，技术创新让人的力量变得强大，使人拥有了征服自然的工具和能力，而且技术创新也极大地推动了人类社会的发展。科技进步可引发社会变革，甚至推动人类社会形态的前进，并改变世界格局，变成对精神发展创造必要前提的最强大的杠杆。技术创新能力比起上述其他领域的创新能力，更有据可循，它所使用的方法侧重于经验和试验，要求的是实用、经济、有效以及可行。在早期阶段，技术创新方法已经通过标准、手册等规范，变成可以通过课堂学习和现场见习方式进行传授的技巧。随着技术的发展，技术创新方法进一步严密化、精确化和程序化，其中的大部分已经可以利用机器和公式来进行，避免了人的大量重复劳动，使人的智慧集中到更复杂、高难度和创造性更强的关键问题上，提高了工作效率和成功率。技术创新能力是最为显化的创新能力，也是终端的创新能力，故而技术创新能力被许多人在实践活动中直接等同于全部的创新能力。恩斯特·卡西尔（Ernst Cassirer）曾经说过："科学是人的智力发展的最后一步，并且可以被看成是人类文化最高最独特的成就。在我们现代世界中，再没有第二种力量可以与科学思想的力量相匹敌。它被看成是我们全部人类活动的顶点和极致，被看成是人类的最后篇章和人的哲学的最重要的主题。"这种说法有些偏颇和极端，正确的态度应该是恰如其分地看待科学和技术上的创新。美国著名心理学家西尔瓦诺·阿瑞提（Silvano Arieti）指出："单单靠科学上的创造力不能解决人类一切领域里的不幸和苦恼，甚至可能给世界上的生活增加潜在的危险。而在伦理学、政治学、社会学和宗教方面的创新能够回答人与人之间的信任以及互相帮助而提出来的问题，艺术、文学和音乐也是必不可少的条件。"如果说科学技术是知识经济的生命线，那么，人及其所依存的社会文化形态则是科学技术的生命线。所以，在知识经济时代，不能一条腿走路，技术层面的创新固然重要，但是必须和其他方面紧密结合起来，才能持久、快速、健康以及有序地发展科技、经济与社会。

5. 制度创新能力

制度创新能力是对政治、经济、文化、科技以及人才等方面的管理总模式进行改革、创新和完善的能力。计划经济时代的体制，由于民主性、多元性、宽松性、自创性与交叉性的不足，严重影响了人的创新能力的发挥，只有从制度上革新，才能为理论创新、方法创新、知识创新以及技术创新提供保障。制度对社会的各要素及社会的运行都有着重要的制约与保障作用，社会发展的历史证明，只有进行制度创新，才能解放和发展生产力，从而促进社会进步。上层建筑和经济基础对生产力的反作用，决定了制度创新是理论创建的保障。只有创立有利于广大群众发挥创新能力的制度，才能实现整体和全局的创新局面。社会不和谐多源于制度缺失与制度不健全。我国目前暴露出的一些问题，如城乡差距问题、"三农"问题、医疗保障问题、教育问题以及环境问题等，这些问题的存在，源于现行制度与社会发展现状或与其他制度之间的矛盾，解决这些问题的一个直接手段就是制度创新。只有发挥制度创新能力，加强制度创新，使各方面达到配合一致，才能使其健康发展。从制度创新能力的主体来看，制度创新能力发挥的主体不像上述创新能力那样具有广泛性，主要归属于政府部门和权力部门。

在人的创新过程中，创新以理论创新为先导，以方法创新为承接，以知识创新和技术创新为结果，以制度创新为保障，形成了一个有始有终、首尾相接以及自我循环的良性体系。理论创新为促进制度创新、知识创新、方法创新和技术创新提供了可能。而知识和技术的创新发展到一定程度，必然促使理论和方法产生新的变化。这五个方面的创新能力相互作用和支撑，构成了人的创新能力的全貌。

（五）创新能力的典型特征

人的创新能力可以分为理论创新能力、方法创新能力、知识创新能力、技术创新能力和制度创新能力五个基本方面。这五个方面的创新能力，无论是哪个领域，都具备某些共同特点，这就是创新能力的一般典型特征。

1. 及时性

当社会发展和经济环境改变到某阶段，则会需要一种与之相适应的新观点、新理论、新产品和新工艺，只有这些所需要的创新及时地应运而生，才能创造出恰当的社会效益和最大的经济效益。这种情况，谁抢在别人之前做成了这件事则能收获成功，即人们常说的"一步先，吃遍天"。如果迟缓、懈怠和观望，就会落在别人的后边，让他人捷足先登，创新也就很难成立了。

2. 突破性

突破的意思是打开缺口，突破不一定是创新，但创新一定有突破。之所以把突破性列为人的创新能力的特征，是因为它是人的创新能力的必要条件。创新首先意味着对旧习惯、旧模式、旧布局以及旧程序的改变和完善，这就是突破。突破要发现问题和提出问题，即人们需要突破的点，通常是已有的成果中存在的不足与尚未解决的矛盾。爱因斯坦说："提出问题比解决问题更重要，因为解决问题也许仅是一个数字或实验上的技能而已，而提出新的问题和新的理论，从新的角度去看旧的问题，却需要有创造性的想象力，而且标志着科学的真正进步。"提出问题是科学研究的新起点，因为提出问题意味着看到了新的可能。提出问题实质上是对现实的否定性怀疑，这种否定性怀疑产生了创新的动力。人们是在解决一个又一个的矛盾中前进的，在矛盾中寻找突破和实现突破才能推动事情的发展，使人类文明不断前进。没有突破性，事物就会处于徘徊、停滞以及倒退的状况之中；具备突破性，一打开缺口，便具有了创出"新生"的可能。而要去突破，就需要不断尝试。哲学家卡尔·波普尔（Karl Popper）的证伪主义认为科学不能被证实，只可能被证伪，证伪的过程在"问题—猜测—反驳—问题"中实现。证伪就说明要突破已有的，要不断尝试，以找到最有效的方法。人的创新能力在不断突破与尝试中得到锻炼和增强，其结果也是在不断突破与尝试中得到验证。不管是知识的创新，还是技术的创新，都必须在一定的领域、范围或有关结构上，有突破性进展、创造性思维、创新性设计和工艺等，没有突破，就称不上创新。恩格斯称赞马克思在经济学和历史学领域里有"两大发现"：一是剩余价值理论，二是历史唯物论。这是在前人研究的基础上取得的突破性进展。爱因斯坦的相对论是对牛顿宇宙理论体系的一个重大突破，并确立了现代宇宙学。

3. 实践性

马克思说过："全部社会生活在本质上是实践的。"实践是人们认识世界和改造世界的活动，它具有客观性和物质性的特点。创新，必须建立在实践的基础上，它是在前人实践的基础上的创新，而创新的设计、构想和知识体系，又必通过实践来检验，并不断丰富和完善。有的创新是通过科学实验来完成的，而科学实验也是一种实践。创新的实践性还意味着创新不是为了创新而创新，而是为了实践，为了改变世界。如果不在一定的领域或范围内改变世界，创新就没有多大意义了。

4. 综合性

创新是人们综合运用前人的经验、知识和理论体系，进行进一步新的实践，并总结概括出新的经验、新的知识和生产出新的产品。创新性要求人们有分析综合的能力，善于把零碎的、不完整的和不系统的经验、思维以及设计方案等经过综合与整理，成为系统的、完整的理论和设计方案。创造文明者不一定全知全能，但是在他所从事的专业领域内，他应当熟悉把握相关的知识和技能，综合地运用现代科技成果，以拓宽新的领域、取得新的进展。

5. 普遍性

人的创新能力并非只存在于政治家、科学家、工程师、作家、艺术家和军事家等高智商或优秀的人身上。事实上，只要是一个健康的、在某领域有一定知识和实践经验的人，在他的身上都存在创新能力。这种能力潜伏在人们身上，只是由于客观环境或本人主观能动性的差异，这种潜能没有被释放出来。

6. 能动性

人的创新能力的启动来源于人的主观能动性，故而，人的创新能力的首要特征便是能动性，即主动地利用客观条件并改造客观条件的特性。人的创新能力是一个通过思维与实践的结合，自觉地、有目的地以及有计划地反作用于客观世界的过程。要对客观世界产生反作用力，即在客观世界有所创新和有所作为，就必须发挥人的主观能动性。人的创新能力的能动性依据于对目标的本质认识，也依据于人自身的需要，是对人和世界之间的价值关系的认识和把握。创新，不能被动等待或者一味地观望，不去发挥人的能动性，创新就落不到实处。人的创新能力的能动性不仅在于主动地去反作用于客体，而且在于思维的相对独立性。人的创新能力的作用本身就意味着不同于前人，不能单纯模仿，而是要发展独立思考、独立判断以及独立得出结论的能力。思维的独立性并不意味着对他人的观点不闻不问，而是不盲从前人的经验与已有的观点。在独立思考问题中积极地发挥自己的主观能动性，才能另辟蹊径，发现新问题，并找到解决问题的新方法。

7. 联动性

人的创新能力是在人的后天创新实践中锻炼出来的，只有面对实践将创意转化为成果，才是能力的表现。为了达到创新的目标，创新能力需要方法上的支撑与技术上的支持，这是人的创新能力的联动性的一种体现。没有技术和方法上的支撑，人的活动就称不上能力，只是一个想法和意念而已。而且，人的创新能力的发挥是在系统之中完成的，而系统内的各要素之间是相互关联的，因此，发挥人的创新能力不仅要求技术和方法上的支持，还要求支撑人的创新能力的技术本身是一个链性结构。由于事物的发展前后关联，相互影响，所以，发挥人的创新能力应该在链性和系统性思维的指导下完成，绝不能走一步看一步。人的创新能力的联动性体现着创新思维的透彻性和创新方法的可行性，同时也体现了技术的有效性。因此，能不能实现联动性对于人的创新能力来说至关重要，具有联动性的创新能力才是切实可行的创新能力。

8. 应需性

人的创新能力是应需而生的，人首先产生了需要，有了创新的冲动和必要，从而才产生了创新能力主观实施的可能和运用方向。当现实不能直接满足人的需要时，人便力求改变现实，以创造更理想的世界，这是人的创新能力发挥的动力来源。而且，应需性证明了人的创新能力的实在性和唯物性，即人的创新能力是根据实践中的需要而来，来自对新问题的解决，创新不是随想臆断，也不是没有意义和章法的行动。因此，应需在此有两种解释：顺应人们的需要和拟应人们的需求。拟应是指提前预见并掌控式地来反应。对于人的创新能力来讲，顺应人们的需要来施展人的创新能力与拟应人们的需求来发挥人的创新能力是两种不同的方式。它们的区别在于"含"与"潜"，前者来源于人们现实中迫切需要而尚未实现的目标，并以此发挥人的创新能力；后者关乎引动人们的潜在需求，针对"潜需求"发挥人的创新能力，比起前者，思维更具超前性。满足人们的"含"与"潜"的需求，是人的创新能力得到"量"化的必经之路。

9. 贯通性

创新是建立在一定条件之上的，而不是与现有条件完全脱离的。这里的贯通性，是指人的创新能力从思维到实践的贯通过程。首先，人们在思维层面产生创新的火花，再运用思维的综合能力与分析能力将创意固定与整合，然后将这个创意从思维层面落到实践层面，从人的"大脑"落实到人的"手"和"脚"，从理论层面贯通到行动层面，这才算是人的创新能力完成了一个完整的过程。其次，人的创新能力在每个层面中也都需要贯通性。对于大脑的"运转"来说，如果把大脑比作一台机器的话，那么不具备贯通性的大脑，就是生锈的机器，或者是"卡壳"的机器。在行动中，实践行为也是步步相连的，哪怕一个环节出现堵塞，都将妨碍人的创新能力的正常发挥。发展的可持续性和赢远性——既赢在现在也赢在未来，都离不开创新贯通性的作用。

三、创新能力培养

（一）创新能力培养的内容

高校学生要想突破思维固化和知识无活力化的禁锢，首先需要在创新思维和创新意识上有所突破，摆脱原来那种死读书、死背书以及死应用的心理定式，开启创新精神之门。此外，创新能力还包括创新基础、创新智能（包括观察能力、思维能力、想象力和操作能力等）、创新方法和创新环境等方面内容的整合。高校生还需要培养创新智慧，学会处理创新活动中的各种矛盾冲突，做创新的智者。由此可见，高校生创新能力的培养应包括创新思维、创新性格以及创新智慧三个层面的内容。

1. 创新思维层面

创新思维泛指个人创造新事物、新概念和新产品的思想方法，是人类创造性的操作化、具体化和物质化。有学者用演绎法、归纳法、分析法、综合法以及想象等概念来表达创新思维，但这些都不够精确，美国心理学家吉尔福德（Guilford）认为，创新思维本质上是由聚合思维和发散思维组成的。同时创新思维还应包括辩证思维和批判思维。

（1）聚合思维与发散思维

聚合思维以逻辑思维为基础，它十分强调事物之间的相互联系，试图形成对外界事物理解的种种模式，追求问题解决的唯一正确答案。由此，聚合思维是一种有条理、有范围的收敛性思维，它具有方向性、评断性、稳定性、服从性和绝对性等特点。它是依据已有的信息和各种设想，朝着问题解决的方向，求得最佳方案和结果的思维操作过程。聚合思维一般包括演绎法和归纳法两种方法。

发散思维又称"辐散思维",以形象思维为基础,它不强调事物之间的相互关系,也不追求问题解决的唯一正确答案,它试图就同一问题沿不同角度思考,提出不同的答案。可见,发散思维是一种无规则、无限制和无定向的思维,具有灵活性、流畅性、多变性、新颖性和相对性等特点。发散思维一般包括逆向思维、曲解思维、头脑风暴和夸张思维等方法。这些方法正如美国著名创新思维学家爱德华·德·波诺(Edward de Bono)所言:"思维的目的不在于求正确性,而在于求有效性。虽然思维有效最终会导致求正确性,但两者之间有一个重要的区别:求正确性意味着总是正确,求有效性意味着只是在最后才正确。"发散思维在很大程度上也可以是想象力和直觉思维,它不依据确切的逻辑推理,而是凭着个人的直观知觉对事物和现象做出推断。爱因斯坦就认为想象力比知识更重要,因为知识是有限的,而想象力概括着世界上的一切,推动着进步,并且是知识进步的源泉。直觉思维的成效取决于人对事物的洞察力和理解力,并与思维者知识经验的丰富程度有着密切关系。正如美国康奈尔大学心理学家瑞普(Rip)所说:"发散思维促使人们改变对生活中种种视而不见事物的认识,以自我特别的方式来加以重新认识。"直觉思维也是建立在对某种事物长期观察、深入探索和丰富经验积累之上的,它可以促使人们以最简捷的思维方式达到最佳的思维效果。吉尔福德指出,发散思维有三个基本特征:变通性(指对事物能够随机应变,触类旁通,不受各种心理定式的影响)、流畅性(指对事物反应迅速,在短时间内可以想出各种不同的念头)和独特性(指对事物能够有不同寻常的见解)。

简单地说,聚合思维是把解决问题的各种可能性都考虑到之后,再寻求一个最正确或最佳的办法,而发散思维则是围绕问题多方寻求解决问题的答案的过程。也就是说,聚合思维强调对已有信息和知识的理解和运用,而发散思维则强调对未知信息和知识的想象和假设。所以,聚合思维和发散思维相辅相成,对立统一,其交互发展构成了个人创新思维的基础。

(2)辩证思维与批判思维

辩证思维泛指个人能够辩证地评估、判断某一事物和现象好坏利弊的能力。辩证思维是按照对立统一的矛盾运动形式来反映客观事物的思维活动,是人类思维发展的最高形式。辩证思维是在形式逻辑思维基础上产生的。就创新思维而言,辩证思维可包括积极进取、欣赏困境及和谐冲突等方法。诚如量子物理学家尼尔斯·玻尔(Niels Bohr)所言:"当我们遇到自相矛盾的问题,真是太棒了!因为我们就有希望获得一些进展了。"我国学者钱逊认为,在中西哲学中,辩证法思想都有高度的发展,而中西的辩证法思想又各有其特点。西方的辩证法比较突出对立斗争的一面，而中国古代辩证法则更重视和谐，发展了关于和谐的思想。批判思维泛指个人对某一事物和现象长短利弊的评断，它要求人对周围的人和事物不断形成独立的见解。其中，激发念头是批判思维的关键，激发念头并不一定要寻求正确，而是要激发人们对同一事物或现象采取不同的认识。就创造思维而言，批判思维是促使人们不断破除其思想认识中种种功能固着和思维惯性的关键。总之，培养辩证批判思维，对于突破聚合思维对创造思维发展的束缚和开发个人的发散思维能力，都具有十分重要的推动作用。较之西方学者，我们对批判思维的认识一直停留在个别思维技能的开发上，而非综合思维技能的开发。问题意识不等于批判思维，质疑精神不等于创新精神。问题意识只是点，而批判思维则可谓面；质疑精神可促使人们发现问题，而创新精神则促使进一步解决问题。因此，我们培养学生的批判思维能力应有"一不做，二不休"的精神，从而使学生在不断的质疑实践中，既提高自我的批判思维能力，也提高自我的创新思维能力。说到底，批判思维不等同于创新思维，只有将两者结合起来，才能有效地培养一个人的综合思维能力。

我们在对辩证思维和批判思维的认识和培养上，一直是重思考能力的作用而轻人格修炼的影响。这是一种就事论事的做法，不能使人从根本上提高对批判思维重要性的认识。

批判思维既是一种思维能力，也是一种人文精神。对所学知识的不断质疑，练就的不只是一个人的思维能力，也包括一个人的创新精神。两者结合起来，才可实现一个人的人格完善。

无论是我国古代的教育先贤，还是当今的专家学者，在对批判思维的认识上从未像西方学者那样明确地将批判思维与创新思维结合起来。所以，我们在谈论批判思维时，更多地关注怎样察觉学习中存在的问题，而非怎样去发挥个人的创造力。这使得我们对批判思维的培养上，始终跳不出质疑问答的小圈子，限制了我们对批判思维意义的认识。

2. 创新性格层面

性格泛指一个人具有一定倾向性的心理特征的总和，这些特征通常表现为个性特质。中外的大量研究表明，创新不仅是一个能力开发，也是一个特质培养。换言之，要提高一个人的创新能力，也需要培养与创新有关的个性特质。这主要包括意志力、观察力、乐观、独立、幽默以及富于社会责任感等人格品质。

心理学研究表明，在智力因素相近的情况下，性格因素可能成为创造力的关键因素。耶鲁大学心理学家罗伯特·斯滕伯格（Robert Sternberg）发现，个性中的兴趣和动机是使人们从事创造性活动的驱动力。兴趣源于对事物的好奇心，是个体从事创造思维的内驱力。兴趣和动机可以驱使个体集中注意于所从事的创造性活动。美国心理学家托伦斯在对创造性学生行为特征的研究中也发现，他们的特征是：好奇心，不断地提问；思维和行动的创造性；思维和行为的独立性，个人主义；想象力丰富，喜欢叙述；不随大溜，不过多依赖集体的意志；主意多；喜欢搞试验，顽强、坚韧；喜欢虚构，富于幻想。

美国学者朱克曼（Zuckerman）还在其《科学界的精英》一书中，对100多位诺贝尔奖获得者做了深入的分析。他得出的结论是：完善的智力和人格结构是这些人共有的素质特征，这通常包括敏锐的观察力、丰富的想象力、极强的综合思维能力和精湛的实验技巧等人格特质。

中国科学院心理研究所的施建农和徐凡提出了"创造性活动中智力导入量"的概念及控制智力导入量的开关机制的假设。即个体对创造性作业的态度起关键作用，它直接控制着智力的导入量。而兴趣和动机等因素是通过影响态度而最后影响创造性活动中的智力导入量的。换言之，如果一个人从事他感兴趣的作业，有完成该作业的较高动机，那么，他就会在这方面取得好的创造性成就。

最后值得一提的是，相关调查研究表明，中国大学生一贯忽视创新中的幽默和审美品质，这使得他们对创新的概念认知和价值判断有所偏差，实践中重社会性和实用性，而轻审美性和独创性。此外，中国大学生还大多将创新代表人物与学界、政界和商界的名人联系起来，缺乏对创新的大众化认识。由此，完善创新性格，亟须加强对创新中幽默和审美特质的认同以及对大众化创新表现的追求。

3. 创新智慧层面

智慧泛指个人认识客观事物规律并用以解决问题的能力，也可谓人生经验的高度凝聚。一般来说，一个人随着年龄的增长，其智慧程度也会不断提高。用孔子的话来讲智者可达到"随心所欲不逾矩"的境界。这不仅是做人的最高境界，也是创新的最高境界。虽然创新活动必然是以超越既有的规范为标志之一，但并不是任何超越、突破规范的活动都是创新活动。他提出以合理性和合利益两个尺度来衡量创新的价值，这些衡量尺度强调了智慧对创新的平衡作用。可以说，在创新思维和人格条件等同的情况下，智慧的高低将成为创新成败的关键。

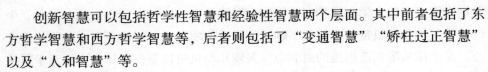

创新智慧可以包括哲学性智慧和经验性智慧两个层面。其中前者包括了东方哲学智慧和西方哲学智慧等，后者则包括了"变通智慧""矫枉过正智慧"以及"人和智慧"等。

（1）哲学性智慧

在东方哲学中，"中庸""无为""因变""兼爱"和"全胜"等思想皆可表现为某种处世的高度谋略。

中庸智慧讲的是处事要有多元认识和协调的谋略。中庸的智慧观就是"取其中"的谋略，它促使人们在创新中追求公正适度，恰到好处。通过叩其两端而穷尽其理，进而获得正确认识，这就是中庸智慧的核心。

无为智慧讲的是处事要有随其自然的谋略，做到点到为止。说人道要效法天道，适应自然，自觉服从客观规律。所以创新中要有"有无相生"的智慧，做到处事进退自如，效法天道。老子还曾言："将欲歙之，必固张之；将欲弱之，必固强之；将欲废之，必固举之；将欲取之，必固予之。"这也强调了创新中"虚实相就""张固相用"的智慧。

因变智慧讲的是处事要有"因"的谋略，做到"因势利导""因地制宜"，在创新中不断寻求原则性与灵活性的最佳结合点。因变智慧也是权变的智慧，也即"外圆内方"的处事谋略，它促使人们在创新实践中，既有原则性，又有灵活性，最大限度地获取创新成效。

兼爱智慧讲的是处事要有"兼思共赢"的谋略，做到想他人之所想，急他人之所急，以思考中的同感共鸣来调动各方面的有利因素。墨子的"兼爱"智慧观主张通过人们之间的互动相爱来改善人际关系，消除破坏性冲突，创造良好的社会环境。它力图使人们既能"自爱"又能"爱人"，从而使每个人的利益都能得到保障。兼爱智慧其实是一种柔性创新，它强调在创新的矛盾冲突中应尽力寻求双赢的局面。

全胜智慧讲的是处事要有"全胜而非战"的谋略，争取以最小的代价获取最大的收益。"全胜而非战"是以孙武为代表的先秦兵家提出来的，它旨在能够保全双方利益的基础上获得完全的胜利，而"不战而屈人之兵"是"全胜"思想的最好的诠释。换言之，全胜的智慧观就是降低成本，扩大效益的谋略。

西方的哲学智慧主要包括实用主义和辩证思维的智慧。实用主义作为一种处世智慧，讲的是以社会合理性和实用性来筛选和淘汰层出不穷的创新理念和产品。正如格奥尔格·威廉·弗里德里希·黑格尔（Georg Wilhelm Friedrich Hegel）所指出："凡是合理的东西，都是具有必然性的，尽管它暂时是弱小的，是和现存的表面强大的东西不兼容的，但由于它具备了必然性，符合事物发展的规律，因而是注定会成为现实的。"在这当中，实用作为一项检验创新的尺度，是以社会合理性为基础的。

辩证思维作为一种创新智慧，强调创新活动的对立统一，交替发展。这亦正如黑格尔所指出的："凡在人类历史上是现实的东西，随着矛盾的发展和时间的推移，都会成为不合理的东西，它不会永恒地存在，而迟早要灭亡。"

（2）经验性智慧

经验性智慧来自具体的创新实践活动，它可以帮助创新者在尽可能短的时间内获得最大的创新成效，如"变通智慧""矫枉过正智慧"以及"人和智慧"等。

变通智慧指的是创新的新颖性与社会的合理性完美结合。当一个创新事物不能为社会立即接受时，它需要创新者表现出高度的灵活性，这样有了原则性与灵活性的统一，才能做到通权达变，长袖善舞。古人云："常之谓经，变之谓权，怀其常道，而挟其变权，乃得为贤。"这便点出了变通智慧的重要性。

矫枉过正智慧指的是创新成功时常需要做到"矫枉过正为其中"，也就是说，创新者需要有极大的决心和毅力来推广其创新理念和产品，甚至令常人一时半会儿不能接受。然后创新者再根据实际情况调整策略，灵活退让，从而会令其创新理念和产品为社会所广泛接受。在此层面上，矫枉过正智慧也就是"进两步、退一步"的人生智慧。

人和智慧指的是许多创新的成功需要以"人和"为基础，否则再好的创新理念和产品都可能陷入孤芳自赏的困局。在此当中，创新者需要开发"情商"，做到有坚定的自尊自信，但不狂妄自大。戴尔·卡耐基（Dale Carnegie）曾说："成功=15%的专业知识和技能+85%的良好人际关系。"丹尼尔·戈尔曼（Daniel Goleman）也提出："一个人的成功智商占20%，情商占80%。有研究表明，创新过程是激烈的智力活动过程，但也是强烈的情感活动过程。"这些观点都强调了人和智慧的重要性。

创新中思维、性格和智慧作为创新能力培养的三个层面，不是平等并列的关系，而是层次渐进的类似金字塔结构的关系，其中思维因素处于最底层，性格因素处于中层，智慧因素处于最顶层。这一结构可用一个金字塔来加以形象地描述。此外，某些西方学者也主张，在创新中性格或其他方面的因素可能较思维因素更加重要。因此，要培养个人的创新能力，不仅要开发其创新思维，也需开发其创新性格和创新智慧。人们需要从更宏观的角度来认识创新的组成及其多重表现方式，不拘泥于创新中思维的作用。总之，创新需要有综合能力的培养，也需要有智慧的指导。而在以往对创新的理论研究和实践探讨中，无论是中国学者还是西方学者，均忽略了智慧因素的重要作用。

（二）创新能力培养的目标

历史发展上，我们品尝着"落后就要挨打"的苦涩，改革开放以后，创新不足成为我们发展的最大绊脚石。从历史和实践中可以证明，创新是民族发展的灵魂，是经济社会发展永不枯竭的源泉，是实现中华民族伟大复兴中国梦的不懈动力。

21世纪必将充满各种竞争，无论是经济竞争、科技竞争，还是政治竞争、军事竞争，其实质都是综合国力的竞争。这些竞争归根结底都是人才的竞争，尤其是创造性人才的竞争。因此我国要重视创新能力的培养，培养大批的创造性人才，这也是关系到社会主义建设事业兴旺发达的大事。

1. 在创新实践中发现人才

国家的创新事业需要人才，在坚定不移地走中国特色社会主义道路，实现中华民族伟大复兴的事业中，需要更多的人才。知识就是力量，人才就是未来的希望。要建立良好的选人用人机制，形成广纳贤才、人尽其才的制度体系；完善创新人才的引进机制，广撒海外创新人才之网。对人才我们要不拒众流，方为江海。

2. 在创新活动中培育人才

创新人才培育是一个长期的过程，我们要建立长效机制，完善创新人才评价标准和评价方式，对新兴产业和重点领域的人才需求给予大力支持，对新型研发机构的建设自主选择科研方向、组建科研团队、开展原创性基础研究和面向需求的应用研发的人才给予鼓励和支持。

3. 在创新事业中凝聚人才

要以优良的环境凝聚人才。人才与环境的关系就像树木与土壤的关系，良好的成长环境对于人才的发展有着积极的促进作用，就像土壤滋养着树木，人才与环境相互影响，人才发展已成为国家创新发展中的关键要素。为创新人才创造良好的生活条件，解决生活和工作的问题，提高创新工作效率，在工作中无后顾之忧。全社会要尊重创新人才，保护创新人才与创新成果，建立创新人才权益维护机制。

（三）创新能力培养的重要性

1. 推进科教兴国战略、 参与国际竞争， 提高我国综合国力

当今世界各国之间竞争的重点已转化为以经济、科技为中心的综合国力的

较量，而归根到底则是作为科技载体的人才的竞争，谁率先拥有了具备较强创新能力的人才，谁将在这场激烈的国际竞争中争取到更大更宽松的发展环境。我国与西方国家在教育模式上的差距，不得不面对的现实是我们的科技水平在短时间内很难赶超发达国家，在某些领域甚至差距愈拉愈大，科学技术应用于生产力的转化周期相对较长。因此党和国家将科教兴国确定为我国的基本国策。实施科教兴国战略，教育是基础，以创新能力教育为重点的高等教育，必须在科教兴国战略中发挥培养创新人才的龙头作用。

2. 应对新世纪经济全球化和科学技术发展带来的挑战

随着社会的发展，世界范围内的经济竞争日益激烈。经济竞争是表象，科学技术的竞争是关键，而归根结底则是教育的竞争。科学技术的发展日新月异，技术知识的陈旧周期越来越短，而"知识爆炸"又令人眼花缭乱。

谁拥有最先进的科学技术，谁就能在竞争中处于优势、立于不败之地。发明新的科学技术、提高经济效益、开拓新的领域，都要靠人的创新能力，靠教育培养出来的具有创新能力的人才。因此，教育的竞争不仅表现为教育的普及和人的素质的提高，还表现为培养学生的创新能力为世界高等教育所重视，并构成教育竞争的一个焦点。

早在第二次世界大战前夕，美国通用电气公司（General Electric Company）就首开"创造工程"课程，对有关人员进行"创造能力"的培养和训练。1976年，美国麻省理工学院某些学系的教学就明确规定，希望激发学生把知识运用到新发现或新发明方面的要求。加拿大于1983年11月，举行了"加拿大的明天"科技讨论会，代表们呼吁要适应新的技术革新挑战，必须改革教育，培养有知识、有适应能力和富于创新精神的一代人。日本则更不必说，负有改革日本大学教育使命的筑波大学，则将"把学生培养成为能够独立进行创造性研究的研究人员"作为研究生培养目标。我国的科学技术和高等教育要自立于世界之林，在新的技术革命挑战和教育的激烈竞争面前，也必须顺应时代的潮流，把培养学生的创造能力，造就出世界第一流的科学家、发明家、工程技术专家和各类具有革新进取精神和创新能力的专门人才，作为重要的战略措施和宏伟的战略目标。

我们所处的时代，知识和人才、民族素质和创造能力越来越成为一个国家综合国力的重要标志，成为推动和制约经济增长和社会发展的关键因素。一个国家特别是像我们这样的发展中国家，要在世界科学技术之林有一席之地，占有新的制高点，在竞争中立于不败之地，就必须加速创新型人才的教育与培养。

3.人类发展和实现人的现代化的需要

创新是思想智慧的最高升华、认识发展的客观标志、社会前进的推动力量，全部人类社会发展的历史，就是一部不断创新、创新战胜守旧的历史。从人类早期的直立行走、火的发现、工具制造、语言产生，直到现代的电子计算机无不如此。一个时代，一个民族突飞猛进的大发展，都是以巨大创新为其动力与标志的。特别是在21世纪，科学技术发展日新月异、突飞猛进，知识超速积累，人们获取知识的方式和途径、人们的生活生产方式等，正发生迅速变化，这样，每个人都必须学会选择和创新，不断在超越、创新中生存和发展。同样，高等教育也不可能为学生提供一生受用的知识，必须树立培养学生创造性的教育观念，在学生成长的黄金季节充分发展智力，培养其科学思维能力和独立获取知识的能力，使他们在未来的社会中以不变应万变。

4.促进高校自身发展

《高等教育法》明确规定："高等教育的任务是培养具有创新精神和实践能力的高级专门人才。"这既指明了高等教育的任务，也提出了高等学校的人才质量标准，高校要用自己培养出来的优秀人才和取得的丰硕科研成果赢得社会的尊重和信任。在市场经济条件下，高等学校的主要任务是"生产"人才，而人才质量的优劣将直接取决于学生的创新素质高低，创新素质高的人在未来的市场中就有较强的竞争力，那么培养出这些竞争人才的学校在社会上的声望就与日俱增，报考者也必然增加，这样，必将促进学校教学质量进一步提高，进而促进学校的发展，促进学校积极参与教育竞争。

第二节　创新能力培养目标下的高教管理现状

一、高教管理政策中重视创新能力的培养计划

知识经济时代的到来，创新型人才对国家科技、研究等领域的发展至关重要，使得国家发展对创新人才的需求日趋迫切。一段时间以来，教育部制定了一系列文件，从教学内容到课程体系、教材建设与改革、精品课程建设等方面进行宏观指导，并且在相关领域开展有影响力的创新活动，在知识经济时代，

创新能力的竞争对国家在国际竞争和世界总格局中的地位起决定作用。这也生动地告诉我们：知识经济时代需要知识创新，需要有创新欲望和创新能力的人才。创新也是一个民族进步的灵魂。

二、高校管理过程中开始重视创新能力培养

高校对创新能力培养日益重视，投入的精力也越来越多。随着时代的发展和教育改革的呼声，目前多数高校都开始把目光转向创新教育，采取多种措施促进学生创新能力的提高。

三、作为高教管理对象的大学生日益关注创新能力的培养

当代大学生对自身创新能力培养的愿望强烈。随着信息社会的高速发展，大学生很容易接触到新生事物，大学生思维敏捷，不轻言放弃，大学生有创新的灵感。

四、课程体系改革取得一定成果

知识是能力的基础，合理的知识结构是创造能力赖以生长和发展的肥沃土壤。在科学技术高度分化、高度综合的发展趋势下，要在科学事业上有所作为，必须具有广博的知识面，注重学科的横向联系，才能选择到新的突破口和空白地带。控制论的创始人诺伯特·维纳（Norbert Wiener）曾指出，在科学发展上可以得到最大收获的领域是"各种已经建立起来的部门之间的被忽视的无人区"，而填补科学空白的人，"他们每人都是自己领域中的专家，但是每人对他的邻近的领域都有十分正确和熟练的知识"。

植物的嫁接和生物的杂交，是新品种产生的重要途径和方法；而各学科间的联系与"嫁接"，往往赋予人才以创新的活力和创造的源头。因而，日本教育界十分重视课程改革和综合化，并认为"没有综合化就不会产生伟大的文化和伟大的人物"。比利时根特大学的培养目标中明确规定要造就"能看到最不同的科学领域间的相互联系的人"。美国的"通才教育"也强调宽厚基础和学科的横向联系。

近年来，我国的高校管理者在高等教育改革中开始注意到了学科间的横向联系，并通过多种办法架起学科间的桥梁。例如，经济类专业，增加了高等数学、线性代数、概率统计、计量经济、计算机应用等方面的课程；有目的地让

数学系学生修习经济类课程，外文类专业的学生分别修习一些国际法、国际金融、世界经济、世界历史专业的部分课程等。改革为新兴学科、边缘学科生长与发展做了知识和人才储备，并取得初步成效。

五、教学管理中传统教学方式单一化

就当前的高校教学模式来看，主要是通过单向灌输的方式来向学生传递知识。教师在有限的时间内要把教学内容全部传授给学生。许多高校的教学模式都是把课堂作为核心，整体教学都是围绕教材来展开。这种单一化的教学模式让学生像机器一样不停地接收信息，而没有很好地理解、吸收知识，主动思考问题。学生在短暂地应付考试之后，随着时间的推移，知识很容易被遗忘。如果长时间维持这种教学方式，大学生很容易出现厌学心理。机械化的教学让学生失去了独自思考的机会，更遑论对他们进行创新能力的培养。我国高等教育的目标就是培养创新型人才，但是现在的许多高校想要实现这个目标是非常困难的。陈旧的教学方式不仅阻碍了学生创造潜能的发挥，而且使学生的思维僵化，不利于创新型人才的培养。致使学生只是成为别人理论成果的搬运工，并没有养成批判性思维和创新能力，这样的人很容易被取代。

因此，必须不断地创新高等教育教学方式，促使学生成为具有创新精神的优秀人才。

六、教师的授课内容跟不上社会发展的脚步

课堂教学是当前高等教育的主要方式，在整个教育体系中占主导地位。所以，教师上课的内容对于学生来说是非常重要的一种获取知识的渠道。一般来说，教材内容的更新换代是比较缓慢的，可是社会却是分分秒秒都在变化，这无形之中给教师增加了教学压力。授课内容难以及时跟上社会发展的脚步，也阻碍了学生创新能力的发展。随着科技水平的不断提高，高校教师要将课本内容与社会发展前沿相结合，否则，学生在将学到的理论知识运用于实践的时候，容易出现理论与实践脱轨的现象。况且，高等教育的教材至少好几年才会更新一次，新教材的编写也存在相互抄袭、拼凑的现象，严重缺乏创新，更不利于学生创新能力的培养。

第三节　创新能力培养目标下高教管理的重要意义

高等教育管理工作随着社会的发展越发全面，对大学生的创新能力培养也越来越完善、科学和规范。

一、高等教育管理水平的逐渐提高正面推动大学生创新素质的培养

在创新创业社会发展趋势下，大学生创新创业的积极性明显提高，加之国家有关政策的帮扶，众创现象的涌现，都是高等教育管理发展到一定程度对大学生及整个社会的作用表现。

二、高等教育管理的完善，优化了高校创新人才结构层面

高等教育管理工作不仅奠定了高校创新人才的理论基础，还深化了实践的操作性，更是创新中总结、反省的参考，进一步让高校创新人才在理论与实践中完善个人创新能力，有效优化了高校创新人才结构的组成。

三、高等教育管理工作的探讨，开辟了大学生综合性创新探索道路

大学生创新创业在实际操作中存在诸多问题。部分大学生在校接受教育时，单纯沉迷于创新创业带来的经济利益，忽略教育的指导性、潜在性，选择废弃学业，为创业而创业，形成了常见的低端创业链，致使创业中途夭折，创业大学生也大受打击。而在高等教育管理工作的探讨中，大学生是教育与实践的综合体现，其在教育的指导下有思维、有逻辑地去探索创新的发展空间、发展方式，挖掘创新中遇到的问题，面对问题，寻找解决方法，从而综合向上发展，不再是单一的个体创新、产业创新，还有团体创新、综合性产业创新等。

四、在不断的实践中，高等教育管理与创新能力培养协同发展

高等教育管理工作的发展与探究是与时俱进的，我们在不断的教育实践中对其作用于大学生创新能力上的关键进行研究、总结、运用、再研究，形成一个"双螺旋式"延伸向上的趋势，从社会市场环境和大学生主体中摸索正确的

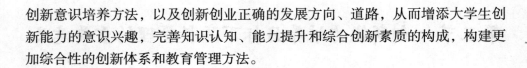

创新意识培养方法，以及创新创业正确的发展方向、道路，从而增添大学生创新能力的意识兴趣，完善知识认知、能力提升和综合创新素质的构成，构建更加综合性的创新体系和教育管理方法。

第四节　创新能力培养目标下高教管理策略

一、制度建设方面

（一）加强大学章程建设及各项具体规章配套

1. 推进大学章程有效建立和运行

学校和其他教育机构负有依据章程自主管理的权利。大学章程对大学的职能、组织结构、管理体制、办学宗旨、发展目标、资产财务以及与社会之间的关系等进行规范。大学章程是实行政校分开、管办分离的积极推动力，是建立和完善中国特色现代大学制度的重要体现，也是推行大学自治和学术自由的可靠保证。

大学章程是大学内部各项规章管理制度的"顶层设计"，是引领学校各方面规章有效制定的"宪章"，同时也是规范大学行为、遵循学术规律性的重要体现，它的有效确立和实施不仅可以大力提高大学内外部运行的透明度，加强社会各界对大学的了解，促进政府的监督和规范化管理；而且也能增强大学对自身职能和责任的认识，使自主办学作用得到充分发挥，还能综合社会各阶层对大学发展的利益诉求，同时将学校的重大事务处理原则和发展改革规划上升为大学意志，用以保证学校的稳定和发展，进一步落实办学自主权，提高大学的管理水平和培养质量。

欧美地区用以保证大学内部有机运行的《大学法》《大学规章制度》《大学条例》，用宏观的政策法令明晰了大学发展的时代使命、组织配置、人员落实、机制保障等。例如伦敦大学颁布的《大学章程》，既消除了大学最高权力支配者自身管理的主观随意性，又避免了外部权力机构大加干涉的窘迫，使大学的自主运行正规化。所以，我国教育部出台的《制定大学章程的实施细则》，对大学自主办学的法律地位、责任主体、内容程序和完成期限进行了明确规定。大学章程的制定和落实，是教师和学生利益诉求的共同体现，并且，大学章程中的大学管理制度和规范，确保了大学自身运行的稳定。

2. 完善大学各项具体规章配套体系

为创新型人才的培养营造良好制度环境而建立的现代大学制度的其中一个重要内容就是，要在不逾越法律鸿沟的前提下，以大学章程为统率，以学术自治为载体，构建起统一协调的完善规章配套体系，来引领大学进一步发展。所以，基于我国高等教育的相关规章制度，高校应在大学章程建设完备的基础上，以大学章程为基准，建立各项具体规章配套体系，以此形成合力，更好地为大学管理服务。

大学章程为大学的各项具体规章制度的建立和完善奠定了基石，大学章程价值的体现也需要各项具体规章的配合，二者相辅相成，构成大学制度体系。大学章程制定后，学校要根据章程规定，不断完善和更新原有规章制度，剔除不合时宜或不利于学校进一步发展的规章，保证章程的有效执行和积极落实。大学章程是大学得以良性发展，组织管理得以顺利运行所遵循的"宪章"，是各项规章制度的纲领性准则，对其他规程的制定提供着有效依据。因此，大学各项具体规章配套体系的建立必须与大学章程保持一致，要积极彰显大学章程所体现的精神和理念，细化章程的各项具体规定，保证学校各个部门在行使权力的同时有章可循。目前，我国的一些大学中只对章程加以制定，而随后的各项具体规章配套体系落实不到位，过时的制度未能更新，致使其与大学章程不能合力服务于学校管理和人才培养，造成了办学和管理的效率低下，不利于学校发展。大学章程和各项具体规章配套是现代大学制度的重要组成部分，科学合理的规章制度能够提高大学的内在竞争力，不断促使我国大学向世界高水平学校的行列迈进。

（二）继续向服务于市场经济转变

创新能力培养的目的便是培养创新型人才，真正满足当前社会和市场的人才，才是我们所需要的人才，所以当前的高等教育管理要继续向服务于市场经济转变，具体措施有以下两点。

1. 积极扩大办学自主权

新的时代使命赋予现在大学制度的使命之一就是针对社会的广泛阶层进行依法自主办学，关键在于使大学能够主动契合市场经济发展运行规律并形成长效机制。首先，大学必须一改曾经过度依赖政府调配和财政支持的惰性思维，将自主办学理念深入到制度的根源，遵从《高等教育法》和政府对大学的宏观指导原则，面向社会广大民众，结合市场发展规律，建立起符合我国特色的大学内外部运行体制机制。大学应享有招生比例的自主调配权限；教学大纲制定的个性选择权，结合时代特点的教材选用权，教学活动的自主设定权；自主进行科研和服务社会；自主开展国际学术交流与合作；自主设置教学、科研、行政等组织结构和人员配给；享有接受捐赠和资助等方面的权利，切实建立符合我国特点的大学良性运行机制、人才培养的激励机制和资源分配制度。

实现自主办学也要真正面向市场，在市场竞争中看到大学真正的缺陷和市场的需求，真正满足社会对人才培养的诉求，这才是大学发展的长远规划。大学的发展离不开外部的支持，在密切加强二者联系的同时，市场作用也推动着大学内部组织结构的不断调整，以适应新时代的要求。

2. 适度引入市场调节机制

在当前世界经济发展方式转型加剧，知识经济逐渐发挥日益重要作用的背景下，市场对大学的调节变得愈加关键，同时大学也离不开市场的作用，但大学完全被市场的力量覆盖则丧失了大学的独立自主发展，体现不出大学的特性。大学得以有效运行靠的是其发展的内在逻辑，大学的内在逻辑是指应该坚持的教育目标和教育信条，大学发展的内在逻辑决定了大学的本质特性。虽然目前大学发展的内在逻辑也在进行改变，以适应现阶段社会经济发展的步伐，但这种改变是有的放矢的，正如政治化不可能全面控制大学，市场化同样也不可能实现，大学需要的是一种不完全的竞争市场。因为大学在任何时代背景下都摆脱不了为社会提供公共必需品的责任，即使大学为社会提供合理的私人产品，但却往往混合了公共产品的成分，不可等同于一般的商品。

因此，大学如果被完全市场化，则会失去其自身发展的内在逻辑，丧失其应有的价值和特性，大学也将不复存在，演变为企业。一些国家的大学在完全的市场机制影响下，学科之间的生态平衡被打破，能得到经济利益的学科将备受重视，一些基础研究学科则濒临灭绝，长此以往，则导致大学的文化整合能力和学术特性的丧失。因此，我国应采取适度的市场机制进行调节，摆脱原来计划经济主导的国家机制，真正让市场与大学适度调配，相互补充，相得益彰，才能促使我国大学在市场经济中进一步发展，才能建立适合我国实际的现代大学制度。

（三）由政府集中管理体制适度向分权管理体制转变

创新能力的培养需要相对开放和自由的环境，亦需要各高校内部根据自己的实际情况及市场需求进行针对性的管理和调整，所以高等教育管理由政府集中管理体制适度向分权管理体制转变很有必要，可以从以下两点入手。

1. 大学内部分权管理的路径

（1）加强立法

现如今，我国正在大力建设法治国家，立法的不断加强，可以明确政府对大学的职权范围，确保其在履行除"市场经济自主调配、社会和政府有效监督、积极服务社会"的基本职能之外，最大限度地避免其对大学的过度干预，从而落实有限、法制、效能的作用，创造依法办学的制度环境。随着我国深化改革的深入，政府应探索适合我国创新型人才培养特点的管理制度和模式，削弱行政化色彩，取消行政级别对大学的影响。

（2）简政放权

一方面要精简教育行政机构和人员配置，提高内在运行效能；另一方面要明确政府部门关系，规范大学的政府准入行为。建立开展多部门的合作，把内容相同或相似的内容，归由一个部门协调；并对政府准入行为实施有效监督和制约。

（3）减少行政审批

政府及其部门要有服务意识，对大学事务的审批要减少和规范，提高管理效能，健全监督机制，审批方式要改进为监管方式，切实依法行使大学的办学自主权。

"大学自治"是一个相对的概念，大学的创新型人才培养来源于社会，并且为社会发展服务，不可能彻底断绝与政府和社会的关系，其意义在于恰当处理大学与政府、社会之间的关系，避免它们对大学的过度干预，影响大学职能和作用的发挥。

2. 引入社会中介组织对大学的评价机制

我国大学曾经基本受政府的指导，社会机构对大学进行调节的力量十分弱小。但当前随着对创新人才培养的不断重视和知识经济的背景使然，我国政府也着力加大社会组织对大学发展的参与度，之前的计划经济主导和政府集权体制已经不能促使大学在新的国际形势下取得长足发展，要更大程度地发挥社会机构和中介组织的效用，使大学自主办学和社会管理、市场调节达到统一协调和配合，形成对创新型人才培养的巨大合力。完全靠大学内部的力量和政府的集中管理已经无法促使大学适应当前激烈竞争的形势，社会组织的广泛参与会让我国大学步入发展的新阶段，积极综合社会各方面的需要，努力建成全面开放的现代大学。

社会中介机构来对大学的办学质量、社会声誉、绩效管理、人才培养等多方面进行客观、公正的评价，其必须是独立于政府和大学的第三方机构，享有较高的学术水平，并且能集聚广泛的社会声音。目前，社会上不乏大学的排行榜，但对其的评价对象到底应该怎样选取才能做到公平、公正、客观则显得尤为重要，政府作为大学的举办者，如果评价主体为政府，则会造成明显的政府导向性，大学的发展也将一直摆脱不了政府的控制，最终成为政府的附庸，无法体现大学学术的特性，培养的学生也会成为标准化的"零件"，更会减弱学生的创新意识。如果大学完全听任市场摆布，则一切将会为经济利益为指向，培养出的学生只会富有商人的气质，大学本身也会变为"商品"的最大加工厂，不利于推动学术发展和科技创新，将会失去大学的本真，最终导致大学无异于企业。因此，积极引入第三方社会中介组织对大学的评价机制，才能使对大学的管理权限不断从政府手中分化出来，实现对大学的分权管理，相互制衡，促使大学发展和创新型人才培养水平得到有效提升。

（四）探索民主管理和教授治校的优化路径

民主管理是保证大学事务公开公正有效处理的最佳方式，体现广大教职工的集体意志，也是促进大学良性发展、高效运行的可靠保证，因此，提出以下三个方面建议。

（1）执行群众路线，务实工作作风

进一步推进教职工代表大会制度、学生代表大会制度、民主评议制度、校务公开制度、多党派民主协商制度等，使学校内部各个层次都能参与到重大事宜的建议与决策中来，以制度来保证民主管理的有效运行。

（2）依照规则程序，保证会议效能

用诸如《党委会议议事规则》《校长办公会议议事规则》《党政联席会议制度》等制度性的保障来规范各种会议的规模、效能和职责。

（3）落实决策原则，严格制度执行

积极推行事关学校长效发展和师生切身利益的听证制度，提高学术自主性的教授委员会制度，体现透明且公开公正的信息发布制度，促进决策的民主科学。

同时，教授是大学发挥其学术职能的主体，是教学、科研的原动力，也是大学学术水平的最终体现。蔡元培曾经说过，大学之大，不在于大楼，而在于大师。大学应该不断提升教授在大学中的地位和影响力，大力发挥教授在教学、科研和管理中的作用。建立教授委员会、学术评议委员会、理事会等形式，扩大教授在学校的权力。同时，要大力发挥教授委员会在学科建设、学术评价、学术激励等方面的作用，真正发挥教授委员会的作用。

二、教学管理方面

（一）优化教学管理目标

高等教育管理目标是管理的出发点，也是落脚点，具有导向作用。随着创新型社会的构建，优化教学管理目标是当前教学管理改革的关键部分，对其他管理活动有着促进与制约的作用。高等教育人才培养模式应割除传统同一化、单一化的弊端，采用多元培养模式，构建彰显时代特质的教学质量评价体系，增加创新能力在人才培养质量评价中的比重。新形势下，高校应积极调整和优化人才培养方向，将创新能力视作主要培养目标，构建适应大学生创新能力发展的教学管理体系，积极发挥高校教学管理在学生创新能力培养方面的作用，培养更多具备创新意识与创新能力的高素质人才。

（二）创新教学管理内容

要想通过高等教育管理改革加强大学生创新能力培养，至关重要的一点就是创新教学管理内容，尤其要从教学资源配置、教学过程管理和管理队伍等方面进行改革。可从以下几点着手。

1. 创新教学过程管理

首先，制订柔性的教学计划，打破传统刻板且单一、刚性为主的模式；其次，调整课程体系结构，注重以创新课程体系的方式来优化学生知识结构；再次，创新教学方式，通过多种途径、多样化方式来提高大学生创新能力培养效率与水平，进而有效提高大学生创新意识与能力；最后，要侧重促进全体学生的全面发展。坚持"育人为本""立德树人"，变传统的单一定性或定量的评价方法为定性与定量结合的评价方式，建立有效促进创新型人才培养的评价机制。

2. 优化师资队伍管理

新形势下，要想通过高等教育管理改革来培养大学生创新能力，就要注重打造高质量师资队伍，即配置创新型教师。

首先，提高教师准入门槛，通过校园招聘、社会招聘等方式，引进学历高、创新能力强、教学经验丰富的教师来充实优化教师队伍。

其次，加强教师再教育工作，引导教师与时俱进，适时调整、优化自己的知识结构，不定期开展学术交流、进修培训活动。

再次，创新教育管理方法。"互联网+"时代，信息技术在高等教育中的作用十分明显；因此，高等教育管理改革应注重发挥以计算机为主体的多媒体技术的作用。

最后，优化教育管理方法，鼓励全体师生主动参与教育管理活动，实现管理主体和管理对象同属性，坚持以人为本的管理理念，全程渗透人文关怀。

（三）创新教育管理组织形式

1. 加强内外课堂的有机结合

大学生创新思维、创新意识与创新能力的培养与大学生个性发展密切相关，但全面素质教育理念下的学生个性发展仅依靠课堂教学是难以实现的，必须注重发挥课外资源和活动对课内教学的拓展延伸作用。首先，通过图书馆、互联网的海量资源来了解掌握前沿科技知识，有效弥补课内教学内容的滞后性、不足之处。其次，要增加课外学习比重，实现课内课外教学的有机结合，最终培养学生的创新能力。再次，采取本科生导师制。本科生导师制对于加强专业教育、突出课外实践教学、引导学生个性化发展具有不可替代的作用。实施本科生导师制，要注重引导学生全程参与导师课题研究、各种读书报告活动，及时了解掌握最新、最前沿的知识信息。采用理实一体化教学，培养学生理论联系实际的能力，培养学生发现问题、分析问题和解决问题的能力。教师应注重采用启发式、参与式教学模式，结合教学内容为学生创设良好的教学情境；发挥其主导作用，培养学生自主学习意识、建立学习主体观念，激发学生学习主动性、积极性，引导培育学生积极向上、努力学习的学习态度，进而培养学生的综合能力与素养。最后，高校应积极引导、鼓励学生申报课题，合作开展科学研究活动。大量的教学实践显示，大学生参加科学研究活动，能在很大程度上培养学生的创新意识和能力，引导学生通过不同的途径、方式参与科研活动是加强高等教育管理改革的重要保证。

2. 促进校内外联合培养创新能力

为有效培养学生创新能力，高校应遵循开放性、探究性原则，有目的、有秩序地开放教学管理部门的教学管理机制，与当地政府、相关企业建立密切的联系，深化校企合作。与当地学术机构、相关企业合作建立实践实训基地、创业创新市场，借助社会力量来打造大学生创新实践基地。通过实现产、学、研有机结合的方式培养学生创新意识与能力。各高校也可抱团发展，互相构建教学管理合作关系，组织学生、教师进行学术互访，实现教学资源共享、不同院校学生学分互认，通过稳定的合作沟通，为大学生创新能力培养创造更多的机会与平台。

（四）课程改革

课程改革是培养创新能力的关键。课程的设置是培养具有创新能力的人才的核心环节，只有构建起面向21世纪、面向知识经济的课程体系，才能孕育出知识经济时代高素质的人才。在知识经济时代，我们面对的是瞬息万变的知识创新局面，传统的以学科为中心的课程模式所形成的学生的知识结构和智能结构已不能适应知识经济时代对人才的需要。课程结构和课程体系的构建，要求必须处理好知识传授与培养能力和培养素质的关系，要有利于大学生随着社会需要的变化而实现知识的自我更新，把社会近期需要和长远需要结合起来，使课程对学生现在有用，对其将来更有用。

加强和改进基础课教学是培养创新能力的基础。创新需要条件，首先需要具有扎实的基础知识。能力是在掌握了一定知识的基础上经过培养和实践锻炼而形成的，丰富的知识可以促进能力的增强，而强的能力可以促进知识的获取。能力主要包括获取知识的能力、运用知识的能力和创新能力，其中创新能力的培养是高等学校的薄弱环节。创新能力的培养不能不学习书本知识，因为掌握扎实的基础知识是培养创新能力的基础。要加强基础课教学，给学生留有今后发展的更大空间；拓宽知识范围，扩大学生视野和知识面，以利于形成他们萌发新知识的生长点。

创新意识存在于大学生个体中，需要教师去发现、挖掘和升华，创设良好的情境来激发其创新意识。但要想激发学生的创新意识，必须要有实践做支撑，让学生在具体情境中感受创新的重要性，在潜移默化中培养自己的创新意识和能力。高校应加以重视，在公共课上将创新理论贯穿于专业课的学习之中，开设专门的创新理论课程，启发和培育学生的创新意识。

（五）创新课堂教学

课堂教学是培养创新能力的主渠道。传统的课堂教学是统一性教学，教师独占课堂，造成教师教死书，学生读死书，这样不但费时费力，而且教学效率低。我们要改传统灌输式教学为创新性教学，这里的创新性教学是指以培养学生创新能力为核心目标的教学。例如，在教学中教师除了就课堂内容提前查阅资料、浏览网页、准备和组织课程教学内容外，还可以通过浏览网页媒体，准备有关本节课所讲授知识在社会实践中的应用以及理论方面的前端发展和完善。在教学中除了讲授书本内容外，还可以留一定时间将类似知识带入课堂，尽可能在课堂展示相关视频、图片以增加学生的知识、启迪学生好奇心和学习兴趣。同时，教师应大力提倡学生就课堂教学内容浏览和查阅网页、书籍了解相关信息，并鼓励学生对问题产生独立的看法。

课堂实施创新性教学与学生创新能力的培养息息相关，因此，课堂教学改革势在必行。要让课堂教学成为学生充分发挥独创精神的空间，就必须由教师来创造思维活跃、畅所欲言的环境氛围。要启发学生发现问题和提出问题，科学问题总是发生在已知与未知的交界处，并用已知向未知提问的方式使未知世界的某处能被认识，而问题的解决便必然意味着某种知识的创新。

传统教育模式下，教师工作注重教学课程内容，而对学生的情感和人格的培养比较缺失，限制了学生的全面发展。所以，在高校的教育教学内容当中要引入科学化的素养和人文的素养，在教学材料中融入价值观，不断地提升学生的自学技能，注重自身的精神素养的培养。教师要积极地使用创新化的教学手段，才能够使学生更好地学习教学内容。其次，要加强教师的创新教学能力的培训。要对学生的心理活动进行深入的研究，提升教师的沟通能力，树立创新教学观念和创新的教学实践能力。最后，在实践过程当中，要增强教师的科研实践能力，才能够提升教学质量。所以，在教学活动中，教师可以将自己的科研成果引入到教学课堂当中，可以激发学生的创新性，形成模范的作用。通过创新的教学方式，学生会体会到创新教学带来的学习乐趣，形成了良好的创新学习氛围。同时要加强教师的科研实践能力的培训，提高教师的创新思维能力、信息处理能力和使用现代化设备的能力。

三、观念建设方面

（一）教师应转变教育思想观念，树立创新教育理念

只有创新型教师才能培养出创新型学生。研究表明，创造性较强的教师能在更大程度上培养学生的创造能力。因此，必须强调对教师创新意识的培养，使教师通过自己的创新意识、创新思维和创新能力等因素去感染、带动学生创新能力的形成和发展。

教师转变更新教育观念，树立创新教育思想是创新能力培养的先导和前提条件。要培养大学生创新能力，就要从传统的和已经习惯的观念束缚中解放出

来，通过教育教学的改革，实现教育观的三个转变，即实现学生是知识的被动接受者向学生是知识的能动建构者的学生观的转变；实现教师是知识的传递者和灌输者向教师是教学的组织者、指导者、参与者和研究者的教师观的转变；实现由单纯传授知识向注重学生情感和社会交往技能的教学观的转变。

教研人员的创新能力需要改变传统的教学管理观念，不断提升创新意识。教学管理人员在日常的工作当中，不断地收集和关注管理的观念、不断地学习，与时俱进，提升管理的创新性。要针对学生的特点、性格进行深入的了解，在管理上可以采用开放性的、柔性的和动态性的管理，融入创新的活动内容以及有文化品位的活动内容，为学生创造一个轻松的学习环境。其次，在教学管理的标准上和管理的质量上，要以创新作为衡量的标准，要对整个学院院校的创新活动开展建设，加强创新教学的应用，在教师中进行广泛的宣传，要以创新的教学课程为主，以有利于提升教学质量，并积极地开展有利于提升学生创新能力的活动。

（二）坚持以学生为本和个性发展

随着创新型社会的构建，高等教育管理应凸显创造性、主动性，将培养大学生创新能力作为高等教育的重要任务，促进大学生自主发展、个性化发展，引导他们实现自我发展。当前，高等教育管理应当以大学生创新能力培养为前提，应始终坚持以人为本，坚持人文关怀，通过人本化管理来帮助学生塑造健全的人格、完善的个性，进而革除功利主义教育的弊端。从大量的教育实践来看，以人为本的教育管理能够将学生这一有生命力的个体从其个性、感情及思想等层面解放出来；因此，应始终将发展自我、完善自我作为教育的出发点和落脚点，将学生培养成适应社会变化和社会长远发展需求的、综合能力与素养高、创造力强的人才，凸显教育的本质和价值。高等教育应将"以人为本"理念贯穿于管理改革工作的始终，作为构建大学生创新能力培养教学管理体系的思想导向。

以学生为本的核心内容就是要充分尊重学生在个性、兴趣、爱好、能力和特长等方面的差异，因人施教。创新与个性不可分，良好的个性在创新活动中起着极为重要的作用。教师要努力地创造一个知识结构个性化的环境；要把对学生的潜能开发和个性发展作为基本出发点；要对学生的正当兴趣和爱好给予必要的引导和支持，特别要对具有特殊才能的学生给予鼓励；要研究探讨面向大多数学生因材施教的教学规律，使每名学生的个性才能在其天赋允许的范围内都能得到比较充分的发展；要针对学生的能力、个性和爱好设计多样化的教

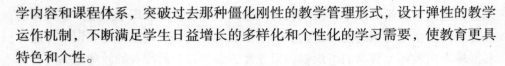

学内容和课程体系，突破过去那种僵化刚性的教学管理形式，设计弹性的教学运作机制，不断满足学生日益增长的多样化和个性化的学习需要，使教育更具特色和个性。

（三）正确处理传授知识与培养能力的关系

知识是能力的基础。因此，我们强调能力的培养，是对片面强调知识传授的传统教育思想的挑战，而不是不要知识，更不是否定知识的传授与学习。向下一代传授人类的科学文化知识，是学校的主要功能之一。但为传授知识而采用高压、注入式教学是不可取的。传授知识的目的是为形成学生的能力打基础，同时应在知识传授过程中注重能力的培养，交给学生打开知识大门的钥匙和运用所学知识的能力；强调能力培养，也包含使学生学习和掌握运用更多的知识。如果离开知识传授空谈能力培养，或把能力培养提高到不恰当的地步，甚至把能力培养与知识传授对立、割裂开来，都是不正确的。

（四）正确处理创新能力培养和其他能力培养的关系

能力具有多样性，创新能力只是众多能力中的一种。能力又具有关联性，各种能力间是互相影响和制约的。如分析解决问题的能力与思维能力、观察能力、记忆能力、语言和文字表达能力等密切相关。离开其他能力做基础，创新能力无从谈起。能力又是分层次的，创新能力则是高层次的能力，是人脑各种高级功能的集中表现，同时也是相关能力的升华和飞跃。培养创新能力要和其他能力训练同步进行，以其他能力作基础和依据，单纯追求创新能力培养，欲速则不达，事倍而功半，创造能力也难以形成。此外，学生都是具有个性的，能力的差异是客观存在的，我们不可能使所有的学生都是全能的，而是要根据不同学生的个性特点，扬其所长，避其所短，使其创造能力得到充分发挥，走出每个人特有的路。

（五）教师要树立正确的"人才观"

教师要正确区别自信与自傲、雄心与野心、科学假设与胡思乱想、敢于争论与"不尊师"等界限。"自信是成功的秘诀"，志大则事业大，雄心壮志则是勇于创新的反映，科学假设则是创造性思维的表现，敢于和教师争论则是独立思考的结果。教育工作者应树立正确的"人才观"，对学生的这些积极因素应鼓励、支持、引导；教师应甘当人梯，使学生"青出于蓝而胜于蓝"。对学生的傲、狂妄等缺点应积极疏导，切不可把学生创新的积极因素和缺点错误等同起来，以种种借口压抑创新能力的发展。反之，如果对其缺点不做深入细致的疏导工作，具有创新能力的开拓型人才也难以培养出来。

（六）培养大学生的学习能力

培养大学生的学习能力是培养创新能力的落脚点。随着知识经济时代新知识的层出不穷和知识更新周期的不断加快，只靠学校阶段性的学习已经不能满足人们的求知需求。新世纪教育的改革与发展，必须主动打破学校阶段性教育的束缚，在营造学习化社会的过程中，树立终身学习的观念。我们要研究大学生怎样学习和应当怎样学习，要教大学生学会学习。要使大学生真正成为独立、高效和自主的学习者，必领使大学生具有较高的认知策略和学习策略水平，对自身的认知状况和水平有正确的评价，知道如何指导自己学习。因此，我们要普及"大学学习学"知识，进行整体学习素质教育；结合教学，进行分科学习素质教育。

高校要培养造就创新型科技人才，遵循创新型科技人才成长规律，用事业凝聚人才，用实践造就人才，用机制激励人才，用法制保障人才，不断发展壮大科技人才队伍，努力形成"江山代有才人出"的生动局面。

四、环境建设方面

（一）以开展"科技创新"等活动为载体，激发大学生的创新欲望

强烈的创新欲望是培养创新意识和创新能力的内在动力。然而，目前不少在校大学生十分缺乏创新欲望，这些学生习惯于机械模仿，依葫芦画瓢，既无心标新立异，又惰于举一反三，更谈不上另辟蹊径。他们从小学和中学起就养成了在学习上当知识"搬运工"的习惯，在大学学习过程中仍然发挥着强大而可怕的惯性作用，大学生缺乏创新欲望是阻碍创新能力发展的重要原因。为了克服大学生已经形成的思维惯性，必须以科技创新为载体，用实际内容、具体形式激发大学生的创新欲望。举办大学生科技论文大赛是行之有效的方法之一。再者，可以让学生参与教师科研项目和学生科研立项。所学知识如果能够得到实际应用，学生就能很牢固掌握，并能通过利用知识产生自己的独立见解。高校中的教研组教师一般都有大量纵向和横项的各级科研项目，教师可以吸收一部分感兴趣的学生参与科研项目，从事基础的材料汇编、数据测试或整理。通过参与教师科技项目让学生了解专业知识的实际应用方法和途径，清楚专业知识如何在实际中解决问题。学生通过学习专业知识、进行独立思考，同

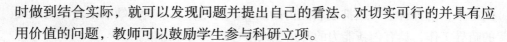

时做到结合实际，就可以发现问题并提出自己的看法。对切实可行的并具有应用价值的问题，教师可以鼓励学生参与科研立项。

（二）提高考试形式的针对性

就统一化目标而言，采用程序化、标准化的考试形式是较好的选择；但这种方式违背了个性化的目标要求。基于此，要想有效避免矛盾冲突，就必须创新考试形式。对于演算复杂、逻辑性强的理论课程，可采取程序化、标准化的闭卷考试方式，重视考查学生对这些理论知识的记忆、理解和掌握程度；对于人文类的基础课程，可以口试为主、开卷笔试为辅的考核方式，旨在考查学生对知识的学以致用能力；对于专业基础课、专业课，可结合课程性质，选择笔试、口试、开卷、闭卷相结合的考试方式。总之，可以口头表述的，尽可能采用口试的方式；无法口头表述清楚且应用性很强的，可采用实践操作、论文、调研报告、研究报告等考试形式。对于有双重要求的课程，可积极采用多种考核方式结合的评价方式，使学生充分发挥个性化思维能力。

（三）制定科学合理的评价标准

采用不同的考核方式的前提是要有与之相配套的考核标准。具体来说，应注重采用个性化与统一化结合的教学目标、考核标准与评价体系，对于那些无法运用统一标准衡量的内容，应充分发挥授课教师的主观能动性，创造适合的考核标准。这对教师的责任感、职业道德、个性化思维能力提出了更高的要求。教师只有在考核评价中客观、具体、公平、公正，才能通过高质量的考核评价来培养学生的创新能力。

（四）营造民主、和谐的教学情景

人类在改造环境的同时，环境也在深刻地影响着人类。每一个学校，都要爱护和培养学生的好奇心和求知欲，帮助学生自己学习，独立思考，保护学生的探索精神和创新精神，营造崇尚真知、追求真理的氛围，为学生的禀赋和潜能充分开发创造一种宽松的环境。可见，要把学生的创新潜能转化为现实的创造力，就必须注重氛围的营造。教师应该发扬民主教学，实现心理相容。热爱学生、师生心理相容、关系密切是民主教学的体现。教师对学生要严格要求，尊重学生，耐心教诲，热情帮助，精心培育，在充分发挥教师主导作用的前提下，充分调动学生的主体作用，要相信学生，多方面鼓励学生大胆提出问题，发表自己的看法。

（五）营造高校创新氛围，改善创新环境

高等学校作为知识传播、知识创新和人才培养的重要基地，其环境的创新氛围对创新人才培养有着重要作用，而目前高校的教育理念、教育目标、培养方式以及科研环境等现状都直接制约着大学生创新能力的培养。

长期以来，高校人才培养基本是以应试、就业为目标。教学基本习惯于"教师中心、教材中心、课堂中心"的格局，只重视知识的传承而忽视知识的运用，传统的学习观、人才观和发展观依然在教育领域占据一席之地。这些观念与创新格格不入，是大学生创新能力培养的主要障碍。高校目前的教学内容仍以传授知识为主，教学方法仍以课堂讲授为主，强调对知识的记忆、模仿和练习，知识运用能力培养不够，学生完全处于被动地位，对教师讲解内容的消化方式是理解和记忆，复制有余，创新不足。

非智力因素在创新活动中有着重要的作用，如意志力、自信心、控制情绪、人际关系、团队精神、自我激励和思考方法等因素对人的创造活动有启发、引导、维持、强化和调节的作用。在一定条件下，非智力因素的作用比智力因素的作用更大。高智商并不是创新的先决条件，况且创新能力是所有人都具备的一种基本特性，问题是能否在一定环境条件下发挥出来以及发挥的程度有多大而已。在现实生活中，我们往往片面夸大智力在创造活动中的作用，而忽视情感和意志等非智力因素的参与。中国的教育制度多重视知识的传授，而忽视了心理素质的培养，使得相对完整的知识学习体系与相对滞后的人格培育体系之间难以协调一致。

教学手段单一是制约高校大学生创新能力培养成效的重要因素。教师授课方式单一，主要以讲授为主，缺乏学生自主发挥的机会和师生互动的环节，教师在有限的课堂里疲于压缩课时讲授理论知识，学生局限于抄笔记和拷课件，缺乏对所学知识吸收思考的过程，从而限制了学生创新思维的开拓发挥。我们的教学应该向应用式的双向教学转变，综合运用问题式、启发式、研讨班、讨论小组、案例教学、活动教学以及游戏教学等多样化的教学手段，变单一课堂讲授为多样化的教学方式，克服"传授—接受"式教学手段，改变教师在课堂上唱"独角戏"的尴尬局面，变学生被动学习为主动学习，从而启发、引导、激发和培养学生的学习兴趣。

高校教育管理对学生的限制太多，学校因担心学生的安全和社会对学生应试成绩的期待而在创新改革上畏首畏尾，甚至干脆消极对待。高校通常按传统要求学生的行为都遵循规定的模式发展，在条条框框中前行，以学生的分数高

低论优劣。无论学生还是教师，对考试成绩的追求都已达到一种疯狂的境地，考试分数在一定程度上已化为"评优评先"的基本工具，导致学生片面追求考试成绩，放弃了个性发展和创造力而专门去学习考试技巧，忽视了创新能力的培养。这些不但束缚了学生的手脚和思路，而且严重影响了学生创新能力的提升。针对上述问题，学校应采取以下措施。

1. 构建创新能力评价体系

创新实践能力是指大学生在学习和工作中表现出来的创造发明素养，完成实践环节学习任务，参加社会实践、社会活动和运用所学知识解决生活、生产和技术等方面实际问题的能力。探索并建立一整套评价学生创新能力的体系，并根据评估结果，给予优秀的有创造力的学生予以荣誉奖励和物质条件的支持。学生创新能力评价体系主要包括学生社会实践能力评价方法和学生创新能力测评方法，甚至可以将学生社会实践成果和科技创新成果按一定成绩比例计入学生总学分，这些措施的实施将有利于激发学生的创新兴趣，培养学生的创新精神。

2. 完善课程体系，开设"创新学"课程

开设"创新学"课程是系统培养学生创新意识，帮助有创新需求的学生学会创新的重要途径。通过开展类似"创新学"课程，向学生系统讲解创新思维、创新工程、创新研究热点和创新能力开发等内容，重点训练学生的灵活性思维、求异性思维、发散性思维和逆向思维等创新思维能力，逐步激活大学生的创新潜能和创新的主动性，切实培养学生的创新能力。学校还可以有重点地教给学生一些基本的科研和创新方法，甚至可以教授他们如何有效地激发"灵感"等。同时有意识地布置一些综合性的大作业和小题目，对学生进行科研创新的基本训练，教师再加以必要的指导和辅导，使学生初步掌握科研创新的方法和步骤，这样学生经过科研创新实践的磨炼，其创新能力和水平将有显著的提高。

3. 重视大学生非智力因素的培养

当代大学生处于社会急剧变迁的环境之中，社会环境的挤压日益突出。生活节奏快、竞争加强和贫富悬殊等造成的人际关系障碍以及情感调适不良、就业压力大等，导致许多大学生心理失调，影响了其自身潜力的发挥，甚至影响正常的学习生活。对此，教师首先要重视在课堂教学中对学生进行心理素质的培养，聘请心理专业人员，设立心理咨询室，随时对有需要的学生进行心理疏导。通过心理教育，使学生塑造健康的人格、坚定的自信心，提高人际交往能力，学会团队合作，克服心理障碍。其次，要注重对学生实施挫折教育。现在许多大学生稍遇挫折和困难就悲观失望，依赖性强，情感脆弱，甚至发生过激行为。应该让学生认识到人的一生不可能一帆风顺，随时有遭受挫折的可能，创新更是一个充满失败和挫折的领域，想要在某方面有所创新，就要做好接受挫折的心理准备，这样才能迎难而上，勇往直前。

4.进一步完善管理制度，造就有利于创新能力培养的环境

学校给予了创新型教育的指导思想和相应的方针政策，院级单位对具体工作进行了深入改革，并制定了阶段目标。启发学生主动实践，是创新能力培养的关键所在。理科院校一方面可设立开放性创新实验室，为大学生技术创新创造实践环境条件。通过广泛开放创新实验室，鼓励学生自主设计实验，进行发明创造，加强学生实践、实验及动手能力；另一方面，院校牵头，联系社会实习、生产实践、指导毕业设计环节，实现了从科学知识型向科学知识实用技能型的转化。此外，学校应增加校企合作机会，争取企业支持，建立大学生校外教学实践基地及创新教育实验基地，为大学生提供更多实践的机会和场所，吸收企业资金，并直接了解企业的现实需要，以有利于创新与社会需求结合，使创新成果快速转化为生产力，激发师生的创新热情。

参 考 文 献

［1］颜普元. 教育以人为本我国现代学校教育的回眸与思考［M］. 广州：中山大学出版社，2005.

［2］高闰青. "以人为本"理念及其教育实践问题研究［M］. 兰州：甘肃教育出版社，2008.

［3］黄倩，张春萍，魏传庭. 高等教育管理研究［M］. 西安：西北工业大学出版社，2015.

［4］吴舸. 高等教育发展与高校管理研究［M］. 北京：中国书籍出版社，2015.

［5］许军民. 高等教育管理研究［M］. 长春：吉林大学出版社，2016.

［6］方海光. 教育大数据——迈向共建、共享、开放、个性的未来教育［M］. 北京：机械工业出版社，2016.

［7］张波. 现代高等教育管理研究［M］. 北京：光明日报出版社，2016.

［8］臧靖，青丽. 我国高等教育管理研究［M］. 西安：西北工业大学出版社，2016.

［9］杜峰. 高等教育管理的探索与实践［M］. 北京：北京工业大学出版社，2016.

［10］代静. 高等教育管理与教学研究［M］. 西安：西安交通大学出版社，2017.

［11］刘明亮. 高等教育管理与大学生创新能力培养研究［M］. 北京：科学技术文献出版社，2017.

［12］张桓，夏业鲍，张炜. 高等教育管理的性质与发展改革研究［M］. 石家庄：河北人民出版社，2017.

［13］王超，钟玉泉. 高等教育管理研究［M］. 长春：吉林大学出版社，2017.

［14］郑可春. 高等教育管理研究［M］. 长春：吉林出版集团股份有限公司，2017.

［15］霍雨佳. 大数据科学［M］. 成都：电子科技大学出版社，2017.

［16］陈再明. 高等教育管理研究［M］. 北京：北京燕山出版社，2017.

［17］汤飞飞，段辉军. 高等教育管理与大学生创新能力培养研究［M］. 长春：吉林教育出版社，2017.

［18］秦玉. 高等教育管理与教学方法创新研究［M］. 北京：团结出版社，2017.

［19］王宝堂. 当代高等教育管理与实践路径研究［M］. 青岛：中国海洋大学出版社，2018.

［20］刘振海，谢德胜．终身教育视域下我国高等教育管理体制研究［M］．沈阳：辽宁教育出版社，2018.

［21］尹思懿．高等教育管理研究与创新实践［M］．北京：中国商业出版社，2018.

［22］姚乐，朱启明．赋能大数据教育全国高校大数据教育教学经验谈［M］．北京：电子工业出版社，2018.

［23］何兴无，蒋生文．大数据技术在现代教育系统中的应用研究［M］．长春：东北师范大学出版社，2019.

［24］刘东．以人为本，创办适合学生的教育［M］．沈阳：辽宁教育电子音像出版社，2019.

［25］刘晓洪，翁代云，张艳．教育大数据视域下的智慧校园建设与应用研究［M］．北京：冶金工业出版社，2019.

［26］彭华安．高等教育管理体制 70 年变迁研究［M］．北京：中国社会科学出版社，2019.

［27］刘伊．高等教育管理研究［M］．延吉：延边大学出版社，2019.

［28］孟维亮．以学生为本的高等教育管理改革与创新［M］．北京：世界图书出版公司，2019.

［29］李梦楠．高等教育管理体制与教学研究［M］．长春：吉林大学出版社，2020.

［30］刘进华．高等教育管理与创新实践研究［M］．长春：吉林教育出版社，2020.

［31］大数据时代高等教育管理模式创新研究［M］．哈尔滨：北方文艺出版社，2020.

［32］肖君．教育大数据［M］．上海：上海科学技术出版社，2020.

［33］杨万勇．学校教育中的大数据应用［M］．宁波：宁波出版社，2020.

［34］陈小元，罗周庆．"以人为本"理念下高教管理的发展探析［J］．北京印刷学院学报，2017，25（5）：138-140.

［35］任嫛君．论高教管理以人为本理念的内涵与内容［J］．求知导刊，2017（36）：92.

［36］李佳俐．高等教育管理创新思考［J］．艺术科技，2018，31（10）：229-231，242.

［37］周川．高等教育管理体制改革之反思［J］．北京大学教育评论，2018，16（2）：177-185.

［38］张存凤．高等教育管理模式创新及启示［J］．文化创新比较研究，2018（24）：105，107.

［39］ 申洁. 信息技术对高等教育管理的影响［J］. 世界最新医学信息文摘，2018，18（66）：184.

［40］ 宋岳琪. "以人为本"理念下高教管理的发展探究［J］. 当代教育实践与教学研究，2018（13）：95-96.

［41］ 孙嘉骏. 影响高等教育管理的因素及改进措施的研究［J］. 中外企业家，2018（28）：179.

［42］ 安琪. 新时期高等教育管理中存在的问题及解决措施［J］. 戏剧之家，2018（30）：128-129.

［43］ 刘珊珊. 高等教育管理信息化对策研究［J］. 电子世界，2019（23）：39-40.

［44］ 孙嘉骏. 创新教育理念下的高等教育管理［J］. 才智，2019（2）：113.

［45］ 吴殿倬，王福君. 基于高等教育管理体制改革的反思［J］. 湖北开放职业学院学报，2019，32（20）：33-34.

［46］ 赵洁. "以人为本"的高等教育教学管理模式的构建［J］. 教育现代化，2019（80）：251-252.

［47］ 许馨月. 基于以人为本理念下高等教育教学管理模式分析［J］. 科教文汇（上旬刊），2019（8）：22-23.

［48］ 佘林芳. 谈信息时代高等教育管理的影响与创新途径［J］. 才智，2019（19）：114.

［49］ 刘金文. 信息化时代高等教育管理创新探讨［J］. 中国管理信息化，2019，22（16）：211-212.

［50］ 柳春水. 大数据背景下我国高等教育管理的现状分析［J］. 读与写，2019，16（7）：251.

［51］ 丁红枫，孙连坤. "以人为本"理念下高教管理的发展探析［J］. 教育教学论坛. 2019（32）：6-7.

［52］ 韦晓凯. 大数据背景下高等教育管理模式改革解析［J］. 教育现代化，2019（38）：144-145.

［53］ 聂曼. 大数据时代高等教育管理信息化建设研究［J］. 现代职业教育（中职中专），2019（35）：258-259.

［54］ 佟闯，索彪. 大数据对高等教育管理的影响与优化管理［J］. 现代交际，2019（18）：203-204.

［55］ 林智期. 基于大数据下高等教育管理问题及对策探讨［J］. 佳木斯职业学院学报 2019（7）：58-59.

［56］ 刘林. 大数据背景下高等教育管理存在问题与对策［J］. 教育现代化，2019（23）：123-124.